Expansão, a grande jornada do varejo!

Sumário

Sumário

Conectando Planejamento de Expansão à Vocação do Negócio

A expansão de uma rede de varejo é um marco empolgante, mas também um desafio monumental. O sucesso depende de um planejamento meticuloso que entrelace a vocação do negócio com a estratégia de expansão.

Compreendendo a Alma do Negócio:

Antes de traçar o mapa da expansão, é crucial mergulhar na alma do negócio. Essa jornada de autodescoberta envolve:

- Cultura: Quais valores e crenças definem a essência da empresa? Como esses valores se traduzem na experiência do cliente e na tomada de decisões?
- Missão e Visão: Qual o propósito que guia a empresa? Qual o futuro que ela deseja construir?
- Diferenciais: O que torna a empresa única e especial no mercado? Quais características a distinguem da concorrência?

Analisando o Organograma e o Modelo de Decisão:

A estrutura organizacional e o modelo de tomada de decisões da empresa também influenciam diretamente o planejamento da expansão. É importante analisar:

- Estrutura: A empresa possui uma estrutura centralizada ou descentralizada? Como as decisões são tomadas e comunicadas?
- Recursos Humanos: A empresa possui os recursos humanos e as habilidades necessárias para gerenciar a expansão?
- Alocação de Recursos: Como os recursos financeiros e materiais serão alocados para a expansão?

Conectando Vocação e Estratégia:

Com um profundo entendimento da alma do negócio, da estrutura organizacional e do modelo de decisão, é possível conectar a vocação da empresa à estratégia de expansão. Isso significa:

- Alinhamento: A estratégia de expansão deve estar alinhada com a missão, visão e valores da empresa.
- Consistência: A expansão deve ser consistente com os diferenciais da empresa e com a experiência que ela deseja oferecer aos clientes.
- Sustentabilidade: A estratégia de expansão deve ser viável do ponto de vista financeiro, operacional e de recursos humanos.

Reflexões Essenciais:

Ao iniciar o processo de expansão, é fundamental realizar reflexões críticas, como:

- Prontidão: A empresa está realmente pronta para expandir?
- Riscos: Quais são os riscos e desafios da expansão?
- Contingências: Como a empresa lidará com os desafios e imprevistos que podem surgir durante a expansão?

A expansão de uma rede de varejo é uma jornada complexa, mas gratificante. Ao conectar a vocação do negócio à estratégia de expansão, as empresas aumentam significativamente as chances de alcançar o sucesso.

Próximos Passos:

Os próximos capítulos deste guia abordarão em detalhes os diversos aspectos da gestão de projetos de expansão de redes de varejo, desde a escolha do local ideal até a gestão de equipes e o pós-abertura da loja.

Lembre-se: A expansão é uma oportunidade de crescimento, mas também exige um planejamento meticuloso e uma execução impecável. Ao seguir as diretrizes deste guia e adaptar as estratégias à realidade do seu negócio, você estará no caminho certo para o sucesso.

Processo de Decisão e Estrutura Organizacional para Expansão

O sucesso da expansão de uma rede de varejo depende de um processo de decisão estruturado e eficiente, apoiado por uma estrutura organizacional adequada. Este capítulo abordará os seguintes aspectos:

- Compreensão da Dinâmica do Negócio:
    - Análise do histórico de desempenho da empresa, incluindo vendas, lucratividade, market share e crescimento.
    - Avaliação da capacidade da empresa de gerenciar a expansão, considerando recursos humanos, financeiros e tecnológicos.
    - Identificação dos pontos fortes e fracos da empresa em relação à concorrência.
- Criação de Frameworks para Tomada de Decisão:
    - Definição de critérios objetivos para a seleção de novos locais, como potencial de mercado, acessibilidade, custos de aluguel e infraestrutura.
    - Desenvolvimento de modelos financeiros para avaliar a viabilidade de cada projeto de expansão.
    - Estabelecimento de um processo formal de aprovação de projetos, com a participação de diferentes áreas da empresa.
- Análise Detalhada dos Aspectos do Ponto Físico:
    - Avaliação da localização, considerando fluxo de pessoas, perfil do público-alvo e concorrência.
    - Análise do tamanho e layout da loja, considerando o tipo de produtos vendidos e a experiência do cliente.
    - Negociação de contratos de aluguel e compra de imóveis.

- Checkpoints do Processo de Expansão:
  - Definição de metas e objetivos claros para a expansão.
  - Realização de pesquisas de mercado para identificar oportunidades e avaliar riscos.
  - Elaboração de um plano de negócios detalhado para cada projeto de expansão.
  - Monitoramento constante do progresso da expansão e realização de ajustes quando necessário.
- Organização dos Comitês de Aprovação:
  - Definição da composição dos comitês, com a participação de representantes de diferentes áreas da empresa.
  - Estabelecimento de critérios claros para a aprovação de projetos de expansão.
  - Criação de um processo transparente e eficiente para a avaliação dos projetos.

Conclusão

Um processo de decisão estruturado e uma estrutura organizacional adequada são essenciais para o sucesso da expansão de uma rede de varejo. Ao seguir as diretrizes deste capítulo, as empresas podem aumentar significativamente suas chances de alcançar seus objetivos de expansão.

Recursos Adicionais:

- Modelos de Frameworks para Tomada de Decisão:
  - Modelo de Pontuação Ponderada
  - Análise SWOT
  - Matriz BCG
- Modelos Financeiros para Avaliação de Projetos:
  - Payback
  - VPL (Valor Presente Líquido)
  - TIR (Taxa Interna de Retorno)
- Exemplos de Checkpoints do Processo de Expansão:
  - Definição do orçamento para a expansão
  - Seleção dos locais para as novas lojas
  - Contratação de empresas de arquitetura e construção
  - Treinamento de funcionários para as novas lojas

Dicas para o Sucesso:

- Envolva todas as partes interessadas no processo de decisão.
- Utilize dados e análises para embasar suas decisões.
- Seja flexível e adaptável às mudanças do mercado.
- Comunicação clara e eficaz é fundamental.

Lembre-se: A expansão é um processo complexo e desafiador, mas com um planejamento cuidadoso e uma execução eficiente, as empresas podem alcançar seus objetivos e construir um futuro de sucesso.

Este capítulo é apenas um ponto de partida. É importante que as empresas adaptem os frameworks, checkpoints e estrutura organizacional às suas necessidades específicas.

Nessa jornada da expansão temos que levar em consideração um estudo estruturado do mercado. Então já considerando a analise do negócio, ou seja, já temos um produto, ou um mix, já decidimos que vamos ir para o mundo físico, agora vamos iniciar no master plan.

Considere usar ferramentas de Geomarketing e ferramentas de dados sociais e econômicos, hoje o mercado esta cheio de empresas que catalisam dados em grande plataformas.

Após definir sua estratégia, mãos a obra, e gere muita informação, como os exemplos abaixo: (1) Potência de Consumo (2) Infográficos sobre concorrência

	(Milhões R$)			(Milhões R$)			(Milhões R$)		
	New Plan	PCM Total	PCM/Loja	Capitais e Reg. Met.	PCM Total	PCM/Loja	Interior	PCM Total	PCM/Loja
Sudeste	277	22.651	81,8	146	13.740	94,1	131	8.911	68,0
Nordeste	104	7.110	68,4	66	5.288	80,1	38	1.822	47,9
Sul	80	6.901	86,3	38	3.693	97,2	42	3.208	76,4
Centro-Oeste	54	3.881	71,9	39	3.141	80,5	15	739	49,3
Norte	17	834	49,0	10	640	64,0	7	193	27,6
Total	**532**	**41.376**	77,8	**299**	**26.503**	88,6	**233**	**14.873**	63,8

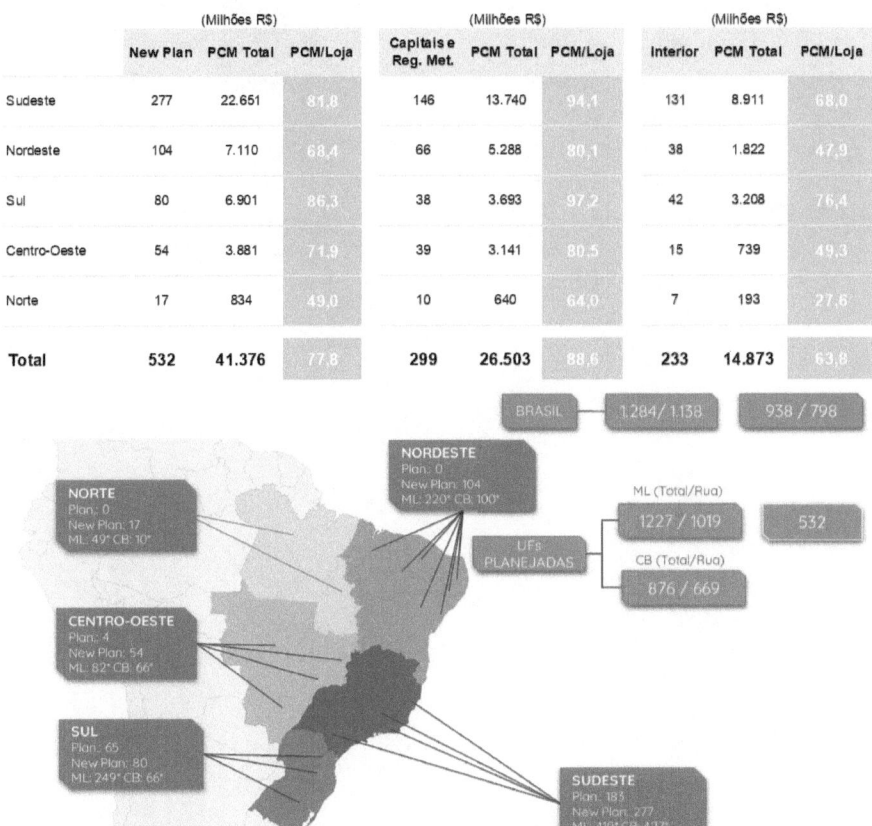

Montando Times e Superando Desafios na Gestão Multidisciplinar para Expansão

A expansão de uma rede de varejo exige a expertise de diversos profissionais em diferentes áreas. A formação e gestão de times multidisciplinares é fundamental para o sucesso do projeto, mas apresenta diversos desafios.

Além da própria definição da estrutura do seu time, devemos nos preocupar com a vocação atrelado ao modelo de expansão definido, ou seja, quanto mais internalizada for sua equipe, mais especializada era deverá ser, e o contrário também pode ser verdadeiro, com algumas exceções, os lideres devem conhecer profundamente todas as etapas e ciclos da expansão.

Times e Vocações:

1. Time de Legalização:
- Responsabilidades:
    - Legalização do imóvel: Obtenção de licenças, alvarás e registros.
    - Abertura da empresa: Registro na junta comercial, obtenção de CNPJ e outros documentos.
    - Assessoria jurídica: Orientação sobre leis e regulamentações.
- Desafios:
    - Complexidade da legislação brasileira.
    - Prazos apertados para abertura das lojas.
    - Mudanças frequentes na legislação.
-

2. Time de Expansão de Campo:
- Responsabilidades:
    - Pesquisa de mercado: Identificação de oportunidades e avaliação de riscos.
    - Seleção de locais: Análise de fluxo de pessoas, perfil do público-alvo e concorrência.
    - Negociação de contratos: Aluguel ou compra de imóveis.
- Desafios:
    - Encontrar os locais ideais para as novas lojas.
    - Negociar contratos com preços e condições favoráveis.
    - Acompanhar as mudanças do mercado.

3. Time de Arquitetura:

- Subtimes:
  - Test Fit: Avalia se o imóvel atende às necessidades da loja.
  - Arquitetura e Projetos Complementares: Elaboração dos projetos detalhados da loja.
- Responsabilidades:
  - Test Fit: Análise das medidas do imóvel, layout da loja e fluxo de pessoas.
  - Arquitetura e Projetos Complementares: Projeto arquitetônico, projetos complementares (elétrico, hidráulico, etc.) e acompanhamento da obra.
- Desafios:
  - Criar projetos que atendam às necessidades da empresa e do cliente.
  - Manter o cronograma e o orçamento da obra.
  - Garantir a qualidade da construção.
  -

4. Time de Engenharia:

- Responsabilidades:
  - Gestão da obra: Contratação de empresas, acompanhamento da obra e resolução de problemas.
  - Orçamento e planejamento da obra: Definição do orçamento e cronograma da obra.
  - Fiscalização da obra: Garantia da qualidade da construção e cumprimento das normas.
- Desafios:
  - Gerenciar o tempo e o orçamento da obra.
  - Garantir a qualidade da construção.
  - Lidar com imprevistos e problemas durante a obra.

5. Time de Inauguração:

- Responsabilidades:
  - Planejamento da inauguração: Definição da data, programação e logística.
  - Marketing e comunicação: Divulgação da inauguração e promoção da loja.
  - Operações: Treinamento da equipe e preparação da loja para a abertura.
- Desafios:
  - Criar uma grande expectativa para a inauguração.
  - Garantir que a loja esteja pronta para o dia da abertura.
  - Atender às expectativas dos clientes.

6. Time de Manutenção e Utilities:

- Responsabilidades:
  - Manutenção preventiva e corretiva: Garantia do bom funcionamento dos equipamentos da loja.
  - Gestão de utilities: Contratação de fornecedores de energia, água e internet.
  - Negociação de contratos: Obtenção de preços e condições favoráveis para os serviços.
- Desafios:
  - Garantir o bom funcionamento dos equipamentos da loja.
  - Manter os custos dos utilities sob controle.
  - Lidar com problemas de forma rápida e eficiente.

Desafios na Gestão de Equipes Multidisciplinares:

1. Comunicação:
- Falta de comunicação clara e eficaz: Dificulta o alinhamento entre as equipes, gera atrasos e erros.
- Jargões técnicos: Dificultam a compreensão entre os times de diferentes áreas.
- Canais de comunicação inadequados: Dificultam o compartilhamento de informações e a resolução de problemas.

2. Cultura e Valores:
- Culturas organizacionais diferentes: Dificultam a integração e o trabalho em equipe.
- Falta de valores compartilhados: Dificulta o alinhamento de objetivos e a criação de um ambiente de trabalho positivo.
- Conflitos de personalidade: Dificultam a comunicação e o trabalho em equipe.

3. Processos e Ferramentas:
- Falta de padronização de processos: Dificulta o acompanhamento do projeto e gera inconsistências.
- Ferramentas inadequadas: Dificultam a comunicação, o compartilhamento de informações e a gestão do projeto.
- Falta de treinamento para as ferramentas: Dificulta o uso eficiente das ferramentas e gera perda de tempo.

4. Liderança:
- Falta de um líder forte e experiente: Dificulta a coesão da equipe e a tomada de decisões.
- Falta de habilidades de liderança: Dificulta a motivação da equipe e a resolução de conflitos.
- Falta de delegação de tarefas: Dificulta o trabalho em equipe e gera sobrecarga de trabalho para o líder.

5. Gestão de Tempo e Recursos:
- Falta de planejamento e priorização: Dificulta o cumprimento de prazos e o alcance de metas.
- Recursos limitados: Dificultam o desenvolvimento do projeto e a obtenção dos resultados desejados.
- Falta de controle de custos: Dificulta a gestão do orçamento e gera desperdícios.

Superando os Desafios:

1. Comunicação:

- Definir um canal de comunicação principal: Facilita o compartilhamento de informações e a resolução de problemas.
- Criar um glossário de termos técnicos: Facilita a compreensão entre os times de diferentes áreas.
- Realizar reuniões periódicas: Facilita o alinhamento entre as equipes e o acompanhamento do projeto.

2. Cultura e Valores:

- Definir valores compartilhados: Cria um ambiente de trabalho positivo e facilita o alinhamento de objetivos.
- Promover atividades de integração: Facilita a interação entre os membros das equipes e a construção de relacionamentos.
- Realizar treinamentos sobre cultura e valores: Facilita a compreensão e a adoção dos valores da empresa.

3. Processos e Ferramentas:

- Padronizar os processos: Facilita o acompanhamento do projeto e gera consistência.
- Utilizar ferramentas adequadas: Facilita a comunicação, o compartilhamento de informações e a gestão do projeto.
- Oferecer treinamento para as ferramentas: Facilita o uso eficiente das ferramentas e gera economia de tempo.

4. Liderança:

- Desenvolver as habilidades de liderança: Facilita a motivação da equipe e a resolução de conflitos.
- Delegar tarefas de forma eficaz: Facilita o trabalho em equipe e evita sobrecarga de trabalho para o líder.
- Criar um ambiente de trabalho positivo: Facilita a retenção de talentos e a produtividade da equipe.

5. Gestão de Tempo e Recursos:

- Criar um planejamento detalhado: Facilita o cumprimento de prazos e o alcance de metas.
- Priorizar as tarefas: Facilita o foco nas atividades mais importantes.
- Controlar os custos: Facilita a gestão do orçamento e evita desperdícios.

Gerenciar equipes multidisciplinares para expansão é um desafio, mas com planejamento, comunicação eficaz, liderança forte e ferramentas adequadas, é possível superar os desafios e alcançar o sucesso.

Lembre-se:

- O sucesso da expansão depende da colaboração e do trabalho em equipe.
- É importante investir em treinamento e desenvolvimento das equipes.
- A comunicação clara e eficaz é fundamental para o sucesso do projeto.

Modelos de Comunicação:

1. Reuniões Periódicas:
- Reuniões de equipe:
  - Frequência: Semanal ou quinzenal.
  - Objetivo: Alinhar objetivos, discutir o andamento do projeto e resolver problemas.
  - Ferramentas: Reuniões presenciais, videoconferências.exclamation
- Reuniões de acompanhamento:
  - Frequência: Diária ou semanal.
  - Objetivo: Acompanhar o progresso das atividades e resolver problemas pontuais.
  - Ferramentas: Telefonemas, mensagens instantâneas, videoconferências.exclamation
2. Ferramentas Digitais:
- Plataformas de comunicação:
  - Slack, Microsoft Teams, Zoom.
  - Facilita a comunicação instantânea e o compartilhamento de informações.expand_more
- Gerenciadores de projetos:
  - Trello, Asana, Monday.com.
  - Permitem o acompanhamento das tarefas e a comunicação entre os membros da equipe.
- Compartilhamento de arquivos:
  - Google Drive, Dropbox.exclamation
  - Facilita o acesso e o compartilhamento de documentos e arquivos.

3. Comunicação Clara e Objetiva:

- Utilizar linguagem clara e concisa: Evitar jargões técnicos e termos complexos.
- Ser direto e objetivo: Transmitir a mensagem de forma clara e evitar ambiguidades.
- Ser transparente: Manter a equipe informada sobre o andamento do projeto e os desafios enfrentados.exclamation

4. Feedback e Reconhecimento:

- Fornecer feedback regular: Reconhecer o bom trabalho e oferecer sugestões de melhorias.
- Celebrar as conquistas: Motivar a equipe e fortalecer o sentimento de pertencimento.
- Criar um ambiente de confiança: Incentivar a comunicação aberta e o feedback construtivo.

Considerações Importantes:

- Definir o canal de comunicação principal: Facilitar o compartilhamento de informações e a resolução de problemas.
- Criar um cronograma de comunicação: Definir a frequência e o tipo de comunicação para cada canal.
- Garantir que todos os membros da equipe tenham acesso aos canais de comunicação: Facilitar a participação de todos.
- Ser flexível e adaptar os modelos de comunicação às necessidades da equipe: Nem todos os modelos funcionam para todos os times.

Conclusão

A escolha dos modelos de comunicação mais adequados depende das características da equipe, do projeto e da cultura da empresa. É importante investir em ferramentas digitais, promover a comunicação clara e objetiva, e criar um ambiente de confiança para que a comunicação seja eficaz e contribua para o sucesso da expansão.exclamation

Lembre-se:

- A comunicação é uma via de mão dupla.expand_more
- É importante ouvir as necessidades da equipe e adaptar os modelos de comunicação.
- A comunicação eficaz é fundamental para o sucesso de qualquer projeto.

Estruturação de um PMO para Expansão de Lojas Físicas

A expansão de lojas físicas é um processo complexo e multifacetado que exige planejamento, organização e execução impecáveis. Um Escritório de Gerenciamento de Projetos (PMO) dedicado pode ser a chave para o sucesso, fornecendo estrutura, centralização e expertise para gerenciar todas as etapas do processo.

Estrutura do PMO

O PMO para expansão de lojas físicas deve ser estruturado de acordo com as necessidades específicas da organização, mas geralmente inclui os seguintes elementos:

- **Liderança:** Um gerente de PMO experiente e com visão estratégica é essencial para liderar a equipe e garantir o sucesso do projeto.
- **Equipe:** A equipe do PMO deve ser composta por profissionais qualificados em diferentes áreas, como gerenciamento de projetos, finanças, logística, marketing e jurídico.
- **Processos:** O PMO deve definir e implementar processos padronizados para gerenciar todas as etapas do projeto, desde a seleção de novos locais até a abertura da loja.
- **Ferramentas:** O PMO deve utilizar ferramentas adequadas para gerenciar o projeto, como softwares de gerenciamento de projetos, plataformas de comunicação e sistemas de BI.

Funções do PMO

O PMO para expansão de lojas físicas tem diversas funções importantes, como:

- **Planejamento:** O PMO deve auxiliar na definição da estratégia de expansão, incluindo a seleção de novos locais, o desenvolvimento do plano de negócios e a definição do cronograma e orçamento do projeto.
- **Execução:** O PMO deve coordenar e monitorar a execução do projeto, garantindo que todas as etapas sejam cumpridas dentro do prazo e orçamento previstos.
- **Controle:** O PMO deve acompanhar o desempenho do projeto e identificar e resolver problemas de forma proativa.
- **Comunicação:** O PMO deve manter todos os stakeholders informados sobre o andamento do projeto, através de relatórios periódicos, reuniões e outros canais de comunicação.

Exemplos de Casos

- **Lojas Renner:** A Lojas Renner possui um PMO estruturado que é responsável por gerenciar a expansão da empresa no Brasil e no exterior. O PMO da Renner utiliza ferramentas como o Project Management Institute (PMI) e o PRINCE2 para gerenciar seus projetos.
- **Magazine Luiza:** O Magazine Luiza também possui um PMO dedicado à expansão da empresa. O PMO do Magazine Luiza utiliza ferramentas como o Microsoft Project e o Jira para gerenciar seus projetos.

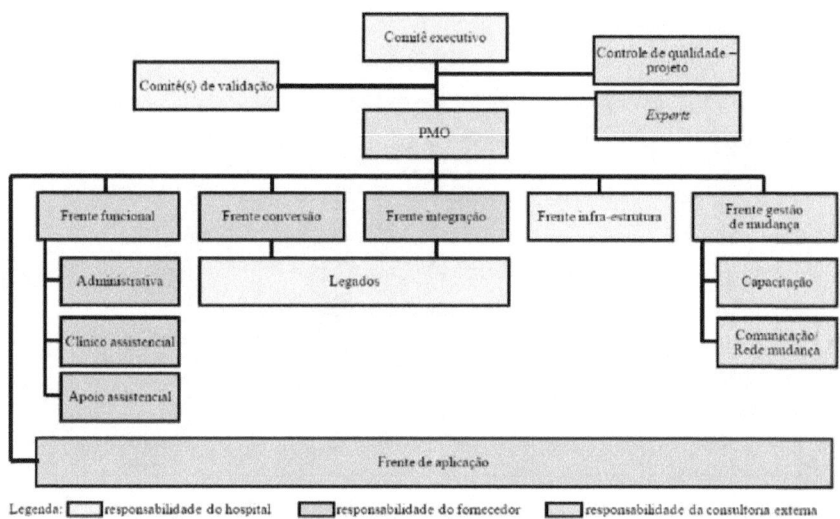

Acima um modelo de referencia para um organograma simples para a estruturação do escritório de projetos.

Em toda minha carreira me defrontei com diversas estruturas, respondendo para diversas áreas, mas o mais importante nesse momento, é entender a dinâmica da empresas, a velocidade do projeto e todas as áreas envolvidas, e assim você pode começar a aplicar as diretrizes que o PMI oferece. Nem sempre você terá todas as disciplinas no seu projeto, mas na expansão de lojas físicas, com certeza você tudo que conhece.

Gosto de mencionar que não há regras e sim orientações, por exemplo na Madeira Madeira onde participei da grande expansão, tínhamos um gerente de projeto ligado a operações e elegemos em todas as áreas um responsável, que não respondia para o gerente de projetos, mas reportava todas as informações necessárias na periodicidade solicitada.

O gerente de projetos de ajudar a mitigar riscos, e principalmente ser um agente de comunicação isento.

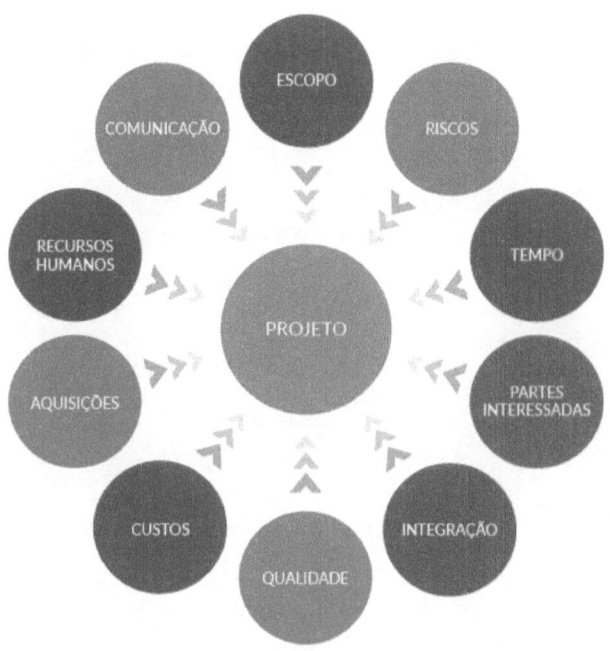

Na imagem acima demonstramos as áreas de Conhecimento em Gerenciamento de Projetos Pmbok – 5ª edição

O Guia PMBOK® define os aspectos importantes de cada área de conhecimento e como ela se integra com os cinco grupos de processos. Como elementos de apoio, as áreas de conhecimento fornecem uma descrição detalhada das entradas e saídas do processo e uma explicação descritiva das ferramentas e técnicas usadas com maior frequência nos processos de gerenciamento de projetos para produzir cada resultado.

Agora iremos detalhar as áreas de conhecimento específicas do Guia PMBOK® e seus processos com suas entradas, ferramentas e técnicas e suas saídas.

Para cada área de conhecimento, teremos uma seção para explicar o que é a área de conhecimento, seus fundamentos e todos os seus processos definidos no Guia PMBOK®.

Para cada um de seus processos, apresentaremos suas entradas, ferramentas e técnicas e suas saídas. Sempre oferecendo exemplos práticos, templates e informações complementares para auxiliar no seu entendimento.

Conclusão

Um PMO bem estruturado pode ser um trunfo para o sucesso da expansão de lojas físicas. Ao fornecer estrutura, centralização e expertise, o PMO pode ajudar a organização a alcançar seus objetivos de forma eficiente e eficaz.

Neste livro ou guia como você quiser chama-lo, não vamos estudar a fundo como é ser um PMO dentro de uma organização, mas vamos orienta-lo a seguir as melhores práticas.

Referências
- Project Management Institute (PMI): https://www.pmi.org/
- PRINCE2: https://www.prince2.com/
- Microsoft Project
- Jira

Observações
- Este capítulo é apenas um ponto de partida para a estruturação de um PMO para expansão de lojas físicas. A organização deve adaptar o modelo às suas necessidades específicas.
- É importante contar com profissionais experientes em gerenciamento de projetos para garantir o sucesso do PMO.
- O PMO deve ser constantemente monitorado e aprimorado para garantir que esteja atendendo às necessidades da organização.

A Escolha Estratégica do Local Ideal para Expansão e como apresentar em comitês executivos.

A escolha do local ideal para a expansão de uma rede de varejo é uma decisão crítica que impacta diretamente o sucesso do negócio. Este capítulo oferece um guia completo para a seleção do local ideal em diferentes cenários: shopping centers, ruas e galerias.

Análise Detalhada dos Fatores Críticos:

1. Shopping Centers:
- Localização:
  - Região com bom poder aquisitivo e perfil compatível com o público-alvo da loja.
  - Fácil acesso e boa visibilidade.
  - Âncora do shopping center com bom fluxo de pessoas.
- Análise do Shopping:
  - Fluxo de pessoas no shopping center e na área específica onde a loja estará localizada.
  - Mix de lojas do shopping center e sua complementaridade com a sua loja.
  - Público-alvo do shopping center e sua compatibilidade com o seu público-alvo.
- Análise do Ponto:
  - Tamanho do ponto e sua adequação ao tipo de loja que você deseja abrir.
  - Localização do ponto dentro do shopping center (próximo à entrada, corredores principais, etc.).
  - Condições físicas do ponto e necessidade de reformas ou adaptações.
- Negociação com o Shopping:
  - Valor do aluguel e condições de pagamento.
  - Prazo do contrato e período de carência.
  - Taxas de condomínio e outras despesas.

2. Ruas:
- Localização:
  - Fluxo intenso de pessoas e perfil compatível com o público-alvo da loja.
  - Fácil acesso e boa visibilidade.
  - Presença de lojas de sucesso e marcas relevantes no entorno.
- Análise da Rua:
  - Fluxo de pessoas em diferentes horários do dia e da semana.
  - Perfil do público que frequenta a rua (idade, classe social, etc.).
  - Presença de concorrentes diretos e indiretos.
- Análise do Ponto:
  - Tamanho do ponto e sua adequação ao tipo de loja que você deseja abrir.
  - Visibilidade do ponto e sua fachada.
  - Condições físicas do ponto e necessidade de reformas ou adaptações.
- Negociação do Aluguel:
  - Valor do aluguel e condições de pagamento.
  - Prazo do contrato e período de carência.
  - Taxas e despesas adicionais.

3. Galerias:
- Localização:
  - Região com bom poder aquisitivo e perfil compatível com o público-alvo da loja.
  - Fácil acesso e boa visibilidade.
  - Presença de lojas de sucesso e marcas relevantes no entorno.
- Análise da Galeria:
  - Fluxo de pessoas na galeria e na área específica onde a loja estará localizada.
  - Mix de lojas da galeria e sua complementaridade com a sua loja.
  - Público-alvo da galeria e sua compatibilidade com o seu público-alvo.

- Análise do Ponto:
  - Tamanho do ponto e sua adequação ao tipo de loja que você deseja abrir.
  - Localização do ponto dentro da galeria (próximo à entrada, corredores principais, etc.).
  - Condições físicas do ponto e necessidade de reformas ou adaptações.
- Negociação com a Administração da Galeria:
  - Valor do aluguel e condições de pagamento.
  - Prazo do contrato e período de carência.
  - Taxas de condomínio e outras despesas.

Frameworks para Avaliação de Locais:

- Modelo de Pontuação Ponderada: Atribui pesos a diferentes fatores, como fluxo de pessoas, perfil do público, custos de aluguel e potencial de vendas.
- Análise SWOT: Identifica os pontos fortes, fracos, oportunidades e ameaças de cada local.
- Matriz BCG: Classifica os locais em diferentes categorias, como "estrelas", "vacas leiteiras", "interrogações" e "abacaxis".

Aspectos Adicionais a Considerar:

- Incidência solar: Impacto na temperatura da loja e na necessidade de ar-condicionado ou cortinas.
- Fluxo de automóveis: Facilidade de acesso e estacionamento para os clientes.
- Segurança da região: Nível de criminalidade e necessidade de medidas de segurança adicionais.
- Acessibilidade para pessoas com deficiência: Adequação do local às normas de acessibilidade.

Modelo de Scorecard para definição de ponto para sua loja ou estabelecimento.

Endereço		
Bairro		
UF	SP	
Múnicipio	Guarulhos	Região Metropolitana
População	1.392.121	
PCM	490.611.573	
PCM / Guide	98.122.315	

Guides Planejadas (Mun)	5	2021	3
Guides Aprovadas (Mun)	1	% Atendido	33%
% Atendido	20%		

Cluster	GS_SP_5
Quant. de Guides no Clustes	13

Quant. Aprov de Guides no Clustes	3	2021	11
% Atendido	23%	% Atendido	29%

PCM Cluster	1.029.279.961
PCM Cluster/Loja	79.175.382
População Cluster	2.974.007

Critérios	Dados	Score
Fachada (ml)	13	10
Vitrines (Qtdade)	2	8
Vagas	Não	8
Área Térreo	200	10
Colunas (A cada 25m2)	1	10
PD (m)	2,6	10
Posição (Distancia ML)	80	5
Valor R$/m2	71	0
Distancia Guides Aprovadas (Km)	25	10
Cluster (Sim/Não)	SIM	10
BE / BP (R$/mil)	430	9

NOTA FINAL   **8,2**

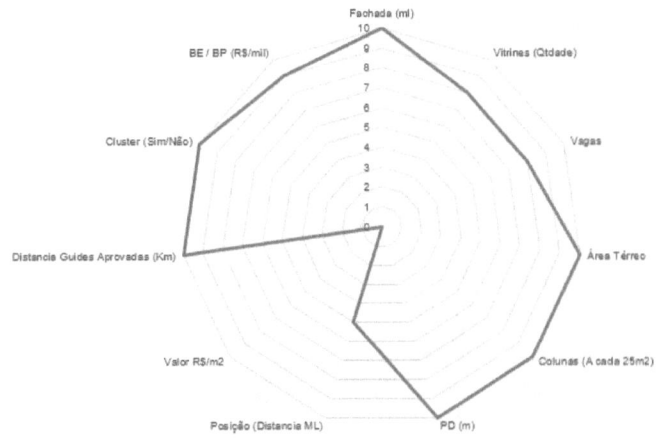

Apresentações Executivas para Aprovação de Pontos em Comitês Executivos
A apresentação dos pontos de expansão para aprovação em comitês executivos é um momento crucial para o sucesso do projeto. Uma apresentação clara, concisa e persuasiva é fundamental para convencer os membros do comitê da viabilidade e do potencial da expansão.
Estrutura da Apresentação:

1. Introdução:
- Apresentar a empresa, seus objetivos e sua estratégia de expansão.
- Descrever o ponto de venda (PDV) em questão, incluindo sua localização, tamanho e características.
- Contexto do projeto:
  - Por que a empresa está expandindo?
  - Quais são os objetivos da expansão?
  - Qual o público-alvo da nova loja?
2. Análise do Local:
- Detalhes do local:
  - Localização:
    - Bairro, cidade, região.
    - Fluxo de pessoas e perfil do público.
    - Concorrentes na área.
  - Acessibilidade:
    - Transporte público, estacionamento.
  - Âncora do shopping (se for o caso).
- Apresentar os resultados da pesquisa de mercado e da análise da concorrência.
- Detalhes do ponto:
  - Tamanho e layout.
  - Visibilidade e acessibilidade dentro do local.
  - Condições físicas e necessidade de reformas.
- Mostrar fotos e vídeos do local.

A3. Viabilidade Financeira:

- Apresentar o plano de negócios para a nova loja, incluindo:
  - Investimento inicial:
    - Reforma do ponto.
    - Equipamentos.
    - Estoque.
  - Projeção de vendas e lucratividade.
  - Payback e taxa interna de retorno (TIR).
  - Ponto de equilíbrio.
- Demonstrar a viabilidade financeira do projeto e seu potencial de retorno para a empresa.
-

4. Plano de Implementação:
- Detalhar o cronograma de implementação do projeto, incluindo:
  - Obtenção de licenças e alvarás.
  - Contratação de fornecedores.
  - Reforma do ponto.
  - Contratação e treinamento de equipe.
  - Abertura da loja.
- Mostrar que a empresa está preparada para executar o projeto com sucesso.

5. Argumentos Persuasivos:
- Enfatizar os pontos fortes do projeto e seus diferenciais em relação à concorrência.
- Demonstrar o potencial de crescimento e rentabilidade da nova loja.
- Responder às possíveis objeções dos membros do comitê com argumentos sólidos e convincentes.

6. Apresentação Visual:
- Utilizar recursos visuais de alta qualidade para ilustrar a apresentação, como:
  - Mapas.
  - Gráficos.
  - Fotos.
  - Vídeos.
- Tornar a apresentação clara, concisa e visualmente atraente.

7. Defesa dos Pontos de Decisão:
- Apresentar os critérios utilizados para a seleção do local, como:
  - Fluxo de pessoas.
  - Perfil do público.
  - Potencial de vendas.
  - Viabilidade financeira.
- Defender os pontos de decisão com base em dados concretos e argumentos sólidos.

8. Exemplos de Scorecards:
- Modelo de Pontuação Ponderada:
  - Atribuir pesos a diferentes fatores, como:
    - Fluxo de pessoas (50%).
    - Perfil do público (30%).
    - Potencial de vendas (20%).
  - Calcular a pontuação total para cada local.
- Matriz BCG:
  - Classificar os locais em diferentes categorias, como:
    - "Estrelas": alto potencial de vendas e alta rentabilidade.
    - "Vacas leiteiras": alto potencial de vendas e baixa rentabilidade.
    - "Interrogações": baixo potencial de vendas e alta rentabilidade.
    - "Abacaxis": baixo potencial de vendas e baixa rentabilidade.

Conclusão:
Uma apresentação executiva bem estruturada, com argumentos sólidos e recursos visuais de alta qualidade, aumenta significativamente as chances de aprovação do projeto de expansão.
Lembre-se:
- A primeira impressão é importante.
- Seja claro, conciso e persuasivo.
- Responda às objeções dos membros do comitê com argumentos sólidos.
- Demonstre entusiasmo e confiança no projeto.
- Caso já tenha um programa de expansão em andamento, sempre compare um ponto com o outro, que seja semelhante, assim trará mais materialidade para o processo de aprovação.

Os aspectos arquitetônicos são muito importantes, e a partir de agora, vamos falar sobre alguns deles:

- Posição do sol referente sua fachada
- Exposição e abertura de loja (tamanho)
- Comunicação visual
- Climatização

Os aspectos acima citados são tão importantes que podem levar a sua loja do sucesso ou insucesso caso você não tome a devida atenção. Claro que quando alugamos um imóvel na rua, nem sempre você terá a oportunidade de escolher o melhor lugar, mas sabendo que isso pode atrapalhar e muito seu negócio, você terá que corrigir ou incrementar alguns itens arquitetônicos na sua edificação.

Posição do sol referente sua fachada

A exposição solar na sua fachada pode atrapalhar sua vitrine quanto ao fluxo de clientes. Quase que uma ciência, é importante reconhecer o maior o horário de fluxo do seu nicho, da rua, e do lado de sua calçada. Imagine que seu maior fluxo seja no período da tarde, e nesse exato momento o sol bate diretamente na sua vitrine e no lado da rua que esta sua loja, e é nesse momento que aparecem suas fragilidades:

1. As pessoas vão preferir andar pelo outro lado da rua
2. O reflexo na vitrine (quando houver) vai impedir que os transeuntes vejam seus produtos
3. Sua loja ficará mais quente no período de maior fluxo

Esses três problemas estarão presentes para sempre na sua loja, mas sim, você pode mitigar um pouco isso.

1. Instalar películas anti-reflexo, não tem 100% de resultado mas ajudará
2. Instalar toldos, aumentará sua manutenção mas também ajuda nos dias de chuvas
3. Instalará cortinas de ar condicionado na porta da loja. Aumentará o custo de energia e manutenção, mas deixará sua loja mais confortável

Já compreendemos que nem tudo esta perdido, porém, você não conseguirá mudar ou alterar o fluxo de pessoas da rua, logo, se preocupe e estude a posição da sua loja e a exposição solar.

Vale lembrar que isso também afeta a visibilidade dos carros que passam, pois também terão problema em olhar a vitrine da sua loja.

Exposição e abertura de loja (tamanho)

Nesse item os estudo serão mais complexos e envolverão mais disciplinas, e com certeza um dos itens mais importantes de posicionamento de marca, segurança e arquitetura.

Temos alguns exemplos que podemos explorar:

1. Lojas que querem atrair mais pessoas para dentro dela, geralmente não tem vitrine ou porta de acesso, isso deixa mais convidativo.
2. Na maioria das vezes as lojas sem vitrine atem públicos com tkts médios menores.
3. Nesse mesmo caso, podemos entender que quanto maior a fachada da loja, melhor.
4. Quando falamos de exclusividade, tkts maiores, a tendencia é reduzir o acesso a loja, criar um ambiente mais intimo.
5. Neste caso, o tamanho da fachada já não é muito relevante, o mais importante é que o público especifico conheça a marca.
6. Você pode notar esse fenômeno nas joalherias, quanto maior o tkt médio, menor a entrada.

Diagrama de Insolação e Ventilação

Imagem do projeto: Centro Gastronômico e Hospedaria Mooca | Arq. Sara Martins Luna.

Atualmente já existem softwares e APPs para calculo de insolação, as chamadas cartas solares. Um bom exemplo é o aplicativo GECA, desenvolvido pela Universidade Federal de Alagoas.

Comunicação Visual

Outro aspecto de sua loja que podemos citar varias disciplinas aqui, e claro, o Branding está umbilicalmente ligado a isso. Podemos dizer, inclusive, que a arquitetura é responsável pelo aspecto espaço, fundo e aspectos legais como em São Paulo que temos a Lei Cidade Limpa.

Como estamos falando de escala, replicabilidade, então já devemos nos preocupar com o manual da marca, aplicações, cores e tamanhos. Como estamos falando de expansão em âmbito nacional, litoral, interior, capitais, encontraremos muitos casos distintos, então, devemos nos preocupar com os padrões e as alternativas para manter o padrão.

Os aspectos técnicos devem ser definidos, como tipo de materiais aplicados e iluminação, queimar uma letra do nome de sua marca numa grande avenida, pode gerar transtornos de valor de marca, custos de manutenção e dores de cabeça institucionais.

Climatização

Não economize nesse item e nem abuse das temperaturas, ambientes climatizados corretamente vendem mais. (a depender do nicho e público do seu negócio)

A climatização de um ponto de venda é uma disciplina de projeto, mas além disso é do negócio, quantas lojas você já entrou e estavam lotadas e simplesmente tinham apenas ventilador e nem vitrine tinham? é isso, se seu cliente, público identificado prefere um local climatizado, faça o corretamente.

Olhando pelo aspecto técnico, faça o projeto corretamente, atenda a legislação, faça seu PMOC (quando necessário), isso pode reduzir seu custo de manutenção, prolongar a vida útil do seu sistema de ar condicionado e sempre passar uma boa imagem para seu cliente.

Modelos de Abertura de Lojas, Agências Bancárias e Concessionárias e como criar um GUIDE para seu processo.

A escolha do modelo de abertura de uma loja, agência bancária ou concessionária é uma decisão estratégica que impacta diretamente o sucesso do negócio. Este capítulo apresenta os principais modelos disponíveis, suas características, vantagens e desvantagens, além de considerações específicas para cada tipo de negócio.

Modelos de Abertura de Lojas:

1. Loja Própria:
- Características:
  - A empresa possui total controle sobre a operação da loja, desde a escolha do local até a gestão da equipe e do estoque.
  - Maior investimento inicial em comparação com outros modelos.
  - Maior flexibilidade para implementar a estratégia da empresa e personalizar a experiência do cliente.
- Vantagens:
  - Controle total da operação e da imagem da marca.
  - Maior potencial de lucratividade a longo prazo.
  - Maior capacidade de fidelizar clientes.
- Desvantagens:
  - Maior investimento inicial e risco financeiro.
  - Maior demanda por recursos humanos e gerenciais.
  - Menor flexibilidade para adaptação às mudanças do mercado.

2. Franquia:
- Características:
  - Um franqueador concede a um franqueado o direito de usar sua marca, know-how e sistema operacional para abrir uma loja.
  - Menor investimento inicial em comparação com a loja própria.
  - Menor risco financeiro para o franqueado.
  - Possibilidade de contar com o suporte e a experiência do franqueador.
- Vantagens:
  - Menor investimento inicial e risco financeiro.
  - Acesso ao know-how e à experiência do franqueador.
  - Possibilidade de fazer parte de uma rede de sucesso.
- Desvantagens:
  - Menor controle sobre a operação da loja.
  - Pagamento de royalties e taxas de franquia.
  - Menor potencial de lucratividade a longo prazo.

3. Loja Conceito:

- Características:
  - Loja com design e layout inovadores, que proporcionam uma experiência única ao cliente.
  - Maior investimento inicial em comparação com lojas tradicionais.
  - Maior foco em branding e diferenciação da concorrência.
- Vantagens:
  - Experiência única para o cliente.
  - Diferenciação da concorrência.
  - Fortalecimento da marca.
- Desvantagens:
  - Maior investimento inicial e risco financeiro.
  - Maior necessidade de mão de obra qualificada.
  - Dificuldade de replicar o modelo em larga escala.

Tipificação e Clusterização de Lojas Próprias em Processos de Expansão

A tipificação e clusterização de lojas próprias são ferramentas essenciais para otimizar o processo de expansão de uma rede de varejo. Através da classificação das lojas em grupos homogêneos, é possível direcionar investimentos e estratégias de forma mais eficiente, aumentando as chances de sucesso.

Tipificação de Lojas:

1. Tamanho:
- Lojas Pequenas:
  - Área de venda até 100m².
  - Localização estratégica em áreas de alto fluxo de pessoas.
  - Foco em produtos de alta rotatividade.
- Lojas Médias:
  - Área de venda entre 100m² e 300m².
  - Maior variedade de produtos.
  - Possibilidade de oferecer serviços adicionais.
- Lojas Grandes:
  - Área de venda acima de 300m².
  - Ampla variedade de produtos e serviços.
  - Experiência de compra diferenciada.

2. Modelo:
- Lojas Tradicionais:
  - Modelo clássico de loja física.
  - Atendimento personalizado aos clientes.
  - Possibilidade de experimentação dos produtos.
- Lojas Conceito:
  - Design e layout inovadores.
  - Experiência de compra única para o cliente.
  - Fortalecimento da marca.
- Lojas Outlet:
  - Venda de produtos com preços descontados.
  - Excelente opção para escoar estoques excedentes.
  - Atrair clientes que buscam preços baixos.

3. Replicação e Escalabilidade:
- Lojas de Fácil Replicação:
  - Modelo padronizado, com baixo investimento inicial.
  - Ideal para expansão rápida em diferentes regiões.
  - Exemplo: lojas de conveniência.
- Lojas de Difícil Replicação:
  - Modelo personalizado, com alto investimento inicial.
  - Maior dificuldade de expansão em larga escala.
  - Exemplo: lojas de luxo.

Clusterização de Lojas:
Após a tipificação das lojas, é possível agrupá-las em clusters, que são conjuntos de lojas com características semelhantes. Essa agrupamento permite:
- Identificar os mercados mais promissores:
  - Direcionar investimentos para os clusters com maior potencial de crescimento.
- Desenvolver estratégias específicas para cada cluster:
  - Atender às necessidades e expectativas de cada grupo de clientes.
- Otimizar a gestão das lojas:
  - Padronizar processos e procedimentos para cada cluster.

Criação de Guides para Replicação do Processo:
A criação de guides detalhados é fundamental para garantir a replicação eficiente do processo de tipificação e clusterização de lojas. Os guides devem incluir:
- Critérios para a tipificação das lojas:
  - Definição clara dos critérios de tamanho, modelo, replicação e escalabilidade.
- Metodologia para a clusterização das lojas:
  - Definição dos indicadores e técnicas de análise para a formação dos clusters.
- Diretrizes para a gestão dos clusters:
  - Definição das estratégias de marketing, vendas, operações e logística para cada cluster.

A tipificação e clusterização de lojas próprias são ferramentas valiosas para o sucesso da expansão de uma rede de varejo. Através da classificação e agrupamento das lojas, é possível direcionar investimentos e estratégias de forma mais eficiente, aumentando as chances de sucesso. A criação de guides detalhados garante a replicação eficiente do processo, assegurando a padronização e qualidade da expansão.

Lembre-se:

- A tipificação e clusterização são processos contínuos que devem ser revisados periodicamente.
- É importante considerar as características específicas do seu negócio ao definir os critérios de tipificação e clusterização.
- A criação de guides detalhados é fundamental para garantir a replicação eficiente do processo.

Baseado no que já vimos até agora, podemos seguir os itens abaixo para criar nosso primeiro GUIDE para expansão das nossas unidades:

1. Definição do Conceito e Público-alvo:
- Concepção da loja:
  - Missão, visão e valores da marca.
  - Proposta de valor e diferenciação no mercado.
  - Experiência de compra desejada para o cliente.
- Definição do público-alvo:
  - Perfil demográfico, psicográfico e comportamental.
  - Necessidades, desejos e expectativas dos clientes.
  - Segmentação do mercado e análise da concorrência.

2. Localização e Negociação do Ponto:
- Critérios para escolha do local:
  - Fluxo de pessoas e perfil do público-alvo.
  - Acessibilidade e visibilidade do local.
  - Concorrência na região e potencial de mercado.
- Negociação do ponto:
  - Valor do aluguel, taxas e condições de pagamento.
  - Prazo do contrato e período de carência.
  - Reformas e adaptações no local.

3. Projeto e Reforma da Loja:
- Desenvolvimento do projeto:
  - Layout da loja e fluxo de circulação dos clientes.
  - Design e decoração da loja de acordo com o conceito da marca.
  - Iluminação, sonorização e outros elementos sensoriais.
- Execução da reforma:
  - Contratação de mão de obra qualificada e experiente.
  - Obtenção de licenças e alvarás necessários.
  - Acompanhamento da obra e cumprimento do cronograma.

4. Equipamentos e Materiais:
- Equipamentos:
  - Mobiliário, expositores, checkout e outros equipamentos necessários.
  - Tecnologia para gestão da loja e atendimento ao cliente.
  - Segurança e monitoramento da loja.
- Materiais:
  - Materiais de construção e acabamento.
  - Decoração e identidade visual da loja.
  - Embalagens e materiais de consumo.

5. Contratação e Treinamento da Equipe:
- Perfil dos colaboradores:
  - Habilidades, competências e conhecimentos necessários.
  - Atitudes e valores compatíveis com a cultura da empresa.
- Processo de recrutamento e seleção:
  - Definição das etapas do processo e dos critérios de avaliação.
  - Divulgação das vagas e captação de candidatos.
- Treinamento da equipe:
  - Produtos, serviços, atendimento ao cliente e procedimentos da loja.
  - Cultura da empresa, valores e missão da marca.
  - Técnicas de vendas e relacionamento com o cliente.

6. Marketing e Comunicação:
- Plano de marketing:
  - Definição do público-alvo e dos objetivos da campanha.
  - Estratégias de comunicação e divulgação da loja.
  - Promoções e eventos para atrair clientes.
- Mídias utilizadas:
  - Redes sociais, anúncios online, marketing de conteúdo.
  - Materiais impressos, mídias tradicionais e outras formas de comunicação.
- Identidade visual:
  - Logotipo, cores, tipografia e outros elementos visuais da marca.
  - Aplicação da identidade visual em todos os materiais de comunicação.

7. Estoque e Fornecedores:

- Gestão de estoque:
  - Definição do mix de produtos e da quantidade de itens em estoque.
  - Controle de entrada e saída de produtos, inventário e giro de estoque.
- Seleção de fornecedores:
  - Critérios de qualidade, preço, prazos de entrega e condições de pagamento.
  - Negociação com fornecedores e obtenção de melhores condições.

8. Operações e Logística:

- Procedimentos da loja:
  - Abertura e fechamento da loja, atendimento ao cliente, gestão do caixa.
  - Controle de estoque, recebimento de produtos e expedição de pedidos.
- Logística:
  - Armazenamento, transporte e entrega de produtos.
  - Integração com os sistemas de gestão da loja.

9. Inauguração da Loja:

- Planejamento do evento:
  - Data, horário e programação da inauguração.
  - Atrações, promoções e brindes para os clientes.
  - Divulgação do evento nas mídias sociais e outros canais de comunicação.

Preparação para Legalização do Imóvel e Abertura da Empresa em um Processo de Expansão Nacional

A legalização do imóvel e a abertura da empresa são etapas cruciais para o sucesso da expansão de uma rede de varejo em todo o território nacional. Este capítulo oferece como, quando e o que sua empresa precisará para esses processos, com foco na escalabilidade e na otimização do tempo e recursos.

1. Assessoria especializada:
- Contratar uma equipe de advogados e contadores com experiência em legalização de imóveis e abertura de empresas em diferentes estados.
- Buscar profissionais com conhecimento das legislações e procedimentos específicos de cada região.

2. Documentação:
- Reunir toda a documentação necessária para a legalização do imóvel e abertura da empresa, incluindo:
    - Imóvel:
        - Escritura pública do imóvel.
        - Certidão de ônus reais.
        - Habite-se.
        - Alvará de funcionamento.
    - Empresa:
        - Contrato social ou estatuto social.
        - Atas de assembleias.
        - Alvará de funcionamento.
        - Licenças e autorizações específicas.

3. Padronização de processos:
- Criar um manual de procedimentos para a legalização do imóvel e abertura da empresa, com checklists e modelos de documentos.
- Padronizar o máximo possível os processos para facilitar a replicação em diferentes estados.

4. Ferramentas digitais:
- Utilizar plataformas online e softwares para agilizar a busca de informações, a consulta de documentos e a comunicação com órgãos públicos.
- Investir em ferramentas que automatizam tarefas repetitivas e otimizam o tempo da equipe.

5. Parcerias estratégicas:
- Estabelecer parcerias com empresas especializadas em legalização de imóveis e abertura de empresas em diferentes estados.
- Buscar parcerias que ofereçam soluções personalizadas e vantajosas para a sua empresa.

6. Planejamento tributário:

- Buscar assessoria especializada para estruturar o planejamento tributário da empresa, considerando as diferentes legislações estaduais e municipais.
- Otimizar a carga tributária da empresa e evitar problemas com o fisco.

7. Escalabilidade:

- Desenvolver um plano de escalabilidade para a legalização do imóvel e abertura da empresa, com foco na replicação eficiente do processo em diferentes estados.
- Definir os recursos humanos, financeiros e tecnológicos necessários para a expansão.

8. Acompanhamento e monitoramento:

- Monitorar o andamento dos processos de legalização do imóvel e abertura da empresa em cada estado.
- Acompanhar os prazos, custos e pendências para garantir a agilidade e o sucesso da expansão.

Considerações importantes:

- A legislação para legalização de imóveis e abertura de empresas varia em cada estado.
- É fundamental buscar assessoria especializada para garantir o cumprimento das leis e evitar problemas.
- O planejamento e a organização são essenciais para a escalabilidade do processo de expansão.

Antevindo e Soluções para os Desafios na Legalização de Imóveis para Expansão de Lojas Físicas

A legalização de imóveis para expansão de lojas físicas em diferentes regiões do Brasil pode apresentar diversos desafios. Aqui ofereço um guia completo para antecipar os principais problemas e encontrar soluções eficazes, garantindo a agilidade e o sucesso do processo.

Principais Desafios:

- Variação da Legislação:
    - Cada estado possui leis e normas específicas para legalização de imóveis.
    - Dificuldade em acompanhar as mudanças e interpretações da legislação local.
- Burocracia e Documentação:
    - Exigência de grande quantidade de documentos e certidões.
    - Processos lentos e morosos em órgãos públicos.
- Falta de Padronização:
    - Procedimentos e prazos divergem entre os estados e municípios.
    - Dificuldade em replicar o processo de forma eficiente.
- Dificuldades na Obtenção de Licenças:
    - Obtenção de alvarás de funcionamento e outras licenças pode ser complexa.
    - Risco de atrasos na abertura da loja.
- Falta de Informação e Assessoria:
    - Dificuldade em encontrar informações precisas e atualizadas sobre a legislação.
    - Escassez de profissionais especializados em legalização de imóveis em diferentes regiões.

Soluções Eficazes:
- Planejamento Detalhado:
  - Contratar equipe especializada para analisar a legislação de cada estado.
  - Mapear os desafios e definir estratégias para superá-los.
- Assessoria Especializada:
  - Buscar advogados e contadores com experiência em legalização de imóveis em diferentes regiões.
  - Profissionais experientes podem agilizar o processo e evitar problemas.
- Parcerias Estratégicas:
  - Estabelecer parcerias com empresas especializadas em legalização de imóveis em cada região.
  - Parcerias podem oferecer soluções personalizadas e vantajosas.
- Tecnologia e Ferramentas Digitais:
  - Utilizar plataformas online e softwares para agilizar a busca de informações e documentos.
  - Ferramentas digitais otimizam o tempo da equipe e facilitam o processo.
- Proatividade e Comunicação:
  - Manter contato constante com órgãos públicos para acompanhar o andamento dos processos.
  - Proatividade na resolução de problemas e na busca de soluções.
- Padronização de Processos:
  - Criar manual de procedimentos com checklists e modelos de documentos.
  - Padronização facilita a replicação do processo em diferentes estados.

Dicas para Antecipar Problemas:
- Realizar pesquisa profunda da legislação:
  - Analisar leis, normas e procedimentos específicos de cada estado.
  - Buscar informações em sites oficiais, órgãos públicos e entidades especializadas.
- Identificar os órgãos responsáveis:
  - Mapear os órgãos envolvidos na legalização do imóvel em cada região.
  - Entender as responsabilidades e prazos de cada órgão.
- Manter contato com especialistas:
  - Consultar advogados, contadores e outros profissionais experientes em legalização de imóveis.
  - Buscar orientação sobre os desafios específicos de cada região.

- Monitorar prazos e pendências:
  - Estabelecer cronogramas detalhados para cada etapa do processo.
  - Acompanhar de perto os prazos e resolver pendências com agilidade.

A antecipação de problemas e a busca por soluções eficazes são fundamentais para o sucesso da legalização de imóveis na expansão de lojas físicas. Através de um planejamento detalhado, assessoria especializada e uso de ferramentas adequadas, é possível superar os desafios e garantir a agilidade e o sucesso do processo.

Estruturação Eficiente de Projetos de Arquitetura e Complementares para Expansão Escalável de Lojas Físicas

A expansão de lojas físicas exige um processo estruturado para projetos de arquitetura e complementares que garanta escalabilidade, eficiência e flexibilidade. Aqui vamos falar como otimizar o processo, desde a criação de cadernos técnicos até a comunicação entre arquitetos e obra.

- 1. Criação de Caderno técnico:
  - Padronização de soluções:
  - Detalhes construtivos, especificações de materiais e equipamentos.
  - Normas e diretrizes para garantir qualidade e uniformidade nos projetos.
  - Redução do tempo de produção:
  - Reutilização de soluções em diferentes projetos.
  - Agilização da entrega dos projetos e início da obra.
  - Facilidade de comunicação:
  - Linguagem clara e objetiva para facilitar a compreensão de todos os envolvidos.
  - Atualização constante:
  - Acompanhamento das inovações tecnológicas e tendências do mercado.

- 2. Compatibilização de Projetos Complementares:
  - Coordenação entre as diferentes áreas:
  - Arquitetura, engenharia civil, elétrica, hidráulica, etc.
  - Eliminação de conflitos e retrabalho:
  - Garantia de um projeto integrado e funcional.
  - Otimização do tempo e recursos:
  - Evitar atrasos e custos adicionais na obra.
  - Softwares de BIM:
  - Ferramentas para facilitar a integração e compatibilização dos projetos.

- 3. Processo de Comunicação Eficiente:
  - Reuniões periódicas:
  - Arquitetos, engenheiros, equipe de obra e demais envolvidos.
  - Compartilhamento de informações e acompanhamento do andamento da obra.
  - Plataformas online:
  - Compartilhamento de documentos, fotos e vídeos da obra.
  - Agilidade na comunicação e resolução de problemas.
  - Canal de comunicação aberto:
  - Facilitar o diálogo e a resolução de dúvidas e imprevistos.

- 4. Flexibilidade para Mudanças:
  - Previsão de imprevistos:
  - Adaptabilidade do projeto a alterações no local da obra.
  - Soluções alternativas:
  - Criatividade e flexibilidade para lidar com problemas e desafios.
  - Comunicação clara:
  - Informar os clientes sobre as mudanças e suas implicações.
  - Minimização de impactos:
  - Agilidade na resolução de problemas para evitar atrasos e custos adicionais.

- 5. Escalabilidade do Processo:
  - Padronização de documentos e procedimentos:
  - Facilitar a replicação do processo em diferentes projetos.
  - Treinamento da equipe:
  - Capacitação para aplicar os métodos e ferramentas de forma eficiente.
  - Tecnologia e ferramentas digitais:
  - Plataformas para gerenciamento de projetos e comunicação.
  - Monitoramento e avaliação:
  - Acompanhamento dos resultados e aprimoramento contínuo do processo.

A estruturação eficiente de projetos de arquitetura e complementares é fundamental para o sucesso da expansão de lojas físicas. Através da criação de cadernos técnicos, compatibilização dos projetos, comunicação eficaz e flexibilidade para mudanças, é possível garantir escalabilidade, otimização de tempo e recursos, qualidade dos projetos e sucesso da obra.

Lembre-se:

A comunicação clara e constante entre todos os envolvidos é fundamental para o sucesso do projeto.

A flexibilidade para lidar com imprevistos é essencial para evitar atrasos e custos adicionais.

O processo deve ser continuamente monitorado e aprimorado para garantir a sua eficiência e escalabilidade.

A abertura de uma loja física exige diversos projetos interdependentes que se dividem em etapas cruciais: planejamento, execução e finalização. Este capítulo oferece um guia detalhado das pranchas necessárias em cada etapa, desde a demolição até a finalização da obra, para garantir um processo eficiente e bem-sucedido.

- 1. Planejamento:
  - Planta baixa:
  - Layout da loja, incluindo mobiliário, equipamentos e fluxo de circulação (escala 1:50 ou 1:20).
  - Planta de cortes:
  - Cortes horizontais e verticais da loja, detalhando alturas e revestimentos (escala 1:50 ou 1:20).
  - Planta de elevações:
  - Paredes internas e externas da loja, detalhando aberturas, revestimentos e elementos decorativos (escala 1:50 ou 1:20).
  - Planta de cobertura:
  - Detalhes da cobertura da loja, incluindo materiais, inclinação e sistema de escoamento de água (escala 1:50 ou 1:20).
  - Planta de demolição:
  - Identificação de áreas a serem demolidas, incluindo medidas e detalhes construtivos (escala 1:50 ou 1:20).
  - Planta de alvenaria:
  - Detalhes da alvenaria da loja, incluindo tipos de tijolos, blocos e aberturas (escala 1:50 ou 1:20).
  - Planta de instalações:
  - Localização de pontos de água, luz, esgoto, ar condicionado e outros sistemas (escala 1:50 ou 1:20).
  - Planta de revestimentos:
  - Detalhes dos revestimentos de pisos, paredes e tetos (escala 1:50 ou 1:20).
  - Planta de mobiliário:
  - Layout detalhado do mobiliário da loja, incluindo medidas e especificações (escala 1:50 ou 1:20).
  - Planta de paisagismo:
  - Detalhes do paisagismo da loja, incluindo plantas, árvores e outros elementos (escala 1:50 ou 1:20).

- 2. Execução:
  - Projeto de demolição:
  - Detalhes técnicos para a demolição segura e eficiente de estruturas existentes (escala 1:50 ou 1:20).
  - Projeto de construção:
  - Especificações técnicas para a construção da loja, incluindo materiais, estruturas e instalações (escala 1:50 ou 1:20).
  - Projeto de instalações elétricas:
  - Detalhes do sistema elétrico da loja, incluindo fiação, tomadas, interruptores e iluminação (escala 1:50 ou 1:20).
  - Projeto de instalações hidráulicas:
  - Detalhes do sistema hidráulico da loja, incluindo tubulações, pontos de água e esgoto (escala 1:50 ou 1:20).
  - Projeto de ar condicionado:
  - Dimensionamento e especificação do sistema de ar condicionado da loja (escala 1:50 ou 1:20).
  - Projeto de segurança contra incêndio:
  - Detalhes do sistema de segurança contra incêndio da loja, incluindo extintores, sprinklers e alarmes (escala 1:50 ou 1:20).
  - Projeto de acessibilidade:
  - Adaptações da loja para pessoas com deficiência, incluindo rampas, elevadores e adaptações nos sanitários (escala 1:50 ou 1:20).

- 3. Finalização:
  - Projeto de decoração:
  - Detalhes da decoração da loja, incluindo cores, texturas, iluminação e elementos decorativos (escala 1:50 ou 1:20).
  - Projeto de sinalização:
  - Detalhes da sinalização da loja, incluindo placas, banners e outros elementos informativos (escala 1:50 ou 1:20).
  - Projeto de marketing:
  - Estratégias de marketing para divulgação da loja e atração de clientes.

Lembre que isso é apenas o inicio, para cada tipo de loja e local que será instalado essa lista pode mudar. Quando falamos de shoppings, centros comerciais, aeroportos e etc, cada um deles solicitará algo diferente, especifico para para aquela instalação, como demandas técnicas, tipos de equipamentos e outros.

Nesta lista, ainda devemos incluir todos os projetos legais, que também haverá diferenças para cada cidade e estado. Lembrando também que, quando a loja tiver estoque, o processo de legalização com corpo de Bombeiros irá mudar e solicitará projetos separados e diferentes.

O processo de fato inicia com um EVTL (Estudo de viabilidade técnica e Legal), onde lhe trará informações para começar seu projeto. Não corte caminhos, seja mais eficiente.
Sempre estude o local conectado ao negócio que será instalado antes de iniciar qualquer processo.

Planejamento e Contratação de Obras para Expansão Nacional de Lojas Físicas

A expansão nacional de lojas físicas exige um planejamento meticuloso e uma estratégia de contratação de obras eficiente para garantir o sucesso do projeto. Vamos abordar desde o planejamento, definição do escopo e orçamento até a seleção e contratação de empresas de construção e reforma em diferentes regiões do país.

Falaremos também sobre os cuidados da simultaneidade, um grande vilão para dimensionamento de todas as equipes que afeta diretamente na contratação e volume de obras necessário para atingir as metas da expansão

1. Definição do Escopo do Projeto:
- Número de lojas:
  - Quantidade de lojas a serem abertas e cronograma de abertura.
- Localização das lojas:
  - Cidades e regiões onde as lojas serão abertas.
- Tipo de obra:
  - Construção nova ou reforma de lojas existentes.
- Padrão de projeto:
  - Manual de identidade visual e padrões de construção para todas as lojas.

2. Elaboração do Orçamento:
- Custos de construção:
  - Mão de obra, materiais, equipamentos e licenças.
- Custos de reforma:
  - Adaptações do espaço, demolição e materiais.
- Custos de projeto:
  - Arquitetura, engenharia e outros projetos complementares.
- Custos de gestão:
  - Acompanhamento da obra, equipe de expansão e custos indiretos.

3. Seleção e Contratação de Empresas:
- Pesquisa de mercado:
  - Identificação de empresas de construção e reforma em cada região.
- Análise de portfólios e experiência:
  - Capacidade da empresa em executar projetos semelhantes.
- Solicitação de orçamentos:
  - Obtenção de propostas detalhadas de diferentes empresas.
- Negociação de preços e prazos:
  - Obtenção das melhores condições para o projeto.

4. Modelos de Contratação:
- Empreitada global:
  - Uma única empresa é responsável por toda a obra.
- Empreitada por administração:
  - A empresa é contratada para gerenciar a obra, e os serviços são contratados separadamente.
- Preço unitário:
  - A empresa é paga por unidade de serviço executado (ex: m² de construção).

5. Considerações Importantes:
- Capacidade de gestão da empresa:
  - Experiência em gerenciar projetos de grande porte.
- Reputação da empresa:
  - Histórico de qualidade e cumprimento de prazos.
- Garantias e seguros:
  - Cobertura contra danos e problemas na obra.
- Comunicação clara e constante:
  - Entre a empresa e a equipe de expansão.
- Acompanhamento da obra:
  - Monitoramento constante do andamento da obra e cumprimento do cronograma.

6. Dicas para Contratação Eficiente:
- Defina claramente o escopo do projeto:
  - Detalhes técnicos e expectativas para a obra.
- Solicite orçamentos detalhados:
  - Incluindo todos os custos e serviços a serem prestados.
- Negocie preços e prazos:
  - Obtenha as melhores condições para o projeto.
- Verifique a capacidade da empresa:
  - Experiência, equipe qualificada e recursos para executar a obra.
- Exija garantias e seguros:
  - Cobertura contra danos e problemas na obra.
- Mantenha comunicação clara e constante:
  - Entre a empresa e a equipe de expansão.
  - e cada processo, como:

- Analise e assinatura de contratos
- Processo de auditoria das empresas (recorrente)
- Concorrência e fechamento de preços
- Alçadas e aprovações

Essas são algumas das etapas que devemos olhar com atenção para garantir fluidez no processo. E sempre monitore todas as etapas.

E no processo de monitoramento uma etapa muito relevante é o que chamamos de "lições aprendidas", a cada entrega de obra destine uma reunião de 30 minutos a 1 hora para repassar o que aconteceu de errado e corrigir o rumo. Nesse momento agradecemos também o que deu certo e ajudamos a empresa a evoluir e nós a termos melhores resultados.

Organização e Planejamento de um Programa de Expansão com Grande Simultaneidade de Obras e Inauguração

Tenha em mente que mesmo que todos os passos acima tenham sido executados de forma correta, assim sim, seu plano de expansão pode falhar.

Abaixo listamos itens exenciais para o planejamento e sucesso, continuando o tema planejamento, obras e inauguração.

1. Planejamento Detalhado:
- Orçamento global da expansão:
  - Investimento necessário para a abertura de todas as lojas.
- Equipe de expansão:
  - Profissionais qualificados para gerenciar o projeto de expansão.
- Processo de seleção de fornecedores:
  - Definição de critérios para escolher fornecedores de materiais e serviços.
- Gestão de contratos:
  - Contratação de empresas de construção e reforma, fornecedores de materiais e outros serviços.
- Acompanhamento das obras:
  - Monitoramento do andamento das obras e cumprimento do cronograma.

2. Organização Geográfica da Expansão:
- Divisão por regiões:
  - Agrupar as obras por regiões para facilitar a gestão e o acompanhamento.
- Gerentes regionais:
  - Contratar gerentes experientes para cada região.
- Equipe local:
  - Contratar equipe local para auxiliar na execução das obras.
- Tecnologia e ferramentas digitais:
  - Plataformas online para gerenciamento de projetos, comunicação e acompanhamento das obras.

3. Gestão Eficaz das Obras:
- Padronização de processos:
  - ○ Criar manuais e procedimentos para garantir a qualidade e uniformidade das obras.
- Comunicação constante:
  - ○ Manter comunicação constante com a equipe de expansão, empresas de construção e reforma e stakeholders.
- Acompanhamento do cronograma e orçamento:
  - ○ Monitorar o andamento das obras e o cumprimento do cronograma e orçamento.
- Resolução de problemas:
  - ○ Agilidade na identificação e resolução de problemas.

4. Considerações Importantes:
- Flexibilidade e adaptabilidade:
  - ○ Capacidade de lidar com imprevistos e mudanças no cenário.
- Gestão de riscos:
  - ○ Identificação e mitigação de riscos.
- Cultura de alta performance:
  - ○ Motivar e engajar a equipe para alcançar os objetivos da expansão.

A organização e o planejamento detalhado são fundamentais para o sucesso de um programa de expansão com grande simultaneidade de obras. Através da definição da estratégia, planejamento meticuloso, organização geográfica, gestão eficaz das obras e comunicação transparente com stakeholders, é possível garantir o cumprimento dos prazos e orçamentos, a qualidade das obras e o sucesso da expansão.

Além dos aspectos já mencionados temos que ir mais no detalhe, entender a capacidade de todo ciclo da expansão conectado ao projeto completo, ou seja, se a companhia deseja abrir 120 lojas em 12 meses, assim teremos 10 lojas por mês para inaugurar, entretanto, não é tão simples assim. Nesse processo temos que considerar que o ciclo completo para abertura, todo o processo desde a definição do ponto até a inauguração leve 6 meses, logo, você deverá compreender uma curva crescente de aberturas para depois se tornar linear.

O planejamento inicial deve considerar sempre e no mímino para as obras 3x mais obras duranto o mês, por exemplo: Temos 10 inaugurações por mês, logo 10 obras na fase final, mais 10 na metade e 10 iniciando, logo, teremos 30 obras simultaneas e não 10. Então sua equipe deve estar dimensionada para 30 processos no minimo.

Nessa organização temos que levar em consideração que nem todas as praças, cidades, shoppings, levam o mesmo tempo para aprovar seu projetos, e que o processo de legalização seja o mesmo, então temos que criar um funil, onde o topo dele, a prospecção em campo seja sulficientemente capaz de produzir 10 novos pontos por mês.

Leve em consideração, indices que já vivi nas empresas que trabalhei que a cada 10 pontos apresentados 3 são aprovados, e entenda, esse é um bom número. Então temos que ter 35 pontos para aprovar?

Não, ainda temos etapas detratoras a frente, como legalização e aprovação de projeto, essas etapas, mais uma vez, média de mercado podem durar de 30 a 90 dias (quando não temos imóveis travados), então vamos considerar 45 dias num processo linear, assim para completar um ciclo completo, necessitamos de mais 50% de pontos para aprovar, para que no final, libere 10 obras para iniciar por mês.

E esse cenário é um modelo simples, temos pontos que podem estreitar ainda mais seu funil de expansão.

Todo esse planejamento acima se refletira no dimensionamento de sua equipe, de ponta a ponta, veja se um engenheiro Sr. Consegue gerenciar até 5 obras simultaneas, quanto engenheiros devemos ter para esse plano? Quanto arquitetos ou escritórios de arquitetura devemos ter? e por ai vai, em todo o ciclo de expansão.

Gerenciamento da Obra: Replicação, Riscos e Sucesso

Neste capítulo, abordaremos o gerenciamento da obra em projetos de expansão de lojas físicas, com foco na replicabilidade, modelos de gerenciamento, riscos, itens primordiais para o sucesso e repetição.

Replicação

A replicação é fundamental para o sucesso da expansão de lojas físicas. O objetivo é replicar o modelo de negócio da loja original em novas unidades, de forma eficiente e eficaz. Isso exige um planejamento detalhado e a implementação de processos padronizados.

Já falamos quanto a padronização e replicação de projetos, da gestão efetiva das etapas até aqui e sobre um fator crucial do projeto, as contratações.

Agora vamos mais uma vez para o campo, nesse momento, antes de falar de gerenciamento, é importante mencionar o que a equipe de obra ou de gerenciamento deve se atentar. Essas informações ou etapas como você e seu time pode definir, são fundamentais para não ter atrasos na inauguração e não depende só de você:

1. Ligação de água
   a. Transferência de contas (Titularidade), já presencie muitos casos onde a loja abre e em 2 meses a água é cortada
2. Ligação de Energia
   a. Transferência de contas (Titularidade)
   b. Capacidade (carga), processos de aumento de carga levam tempo, então se programe
3. Além disso, sempre olhe para o passivo, contas regularizadas, isso pode gerar muita dor de cabeça

Além dos aspectos técnicos acima, vamos abordar sobre treinamento, tanto da sua equipe quanto dos terceiros.

O treinamento é um componente fundamental para o sucesso da replicação de obras em expansão de lojas físicas. Ele garante que todas as equipes envolvidas no projeto, desde a equipe de obra até as empresas de gerenciamento e construtoras, estejam alinhadas com o modelo de obra e os objetivos da empresa.

Objetivos do Treinamento

O treinamento deve ter como objetivos:
- Transmitir o conhecimento sobre o modelo de obra: A equipe deve entender os princípios do modelo de obra, incluindo os materiais, as técnicas de construção e os padrões de qualidade.
- Desenvolver as habilidades necessárias para a execução do modelo: A equipe deve ser treinada para executar o modelo de obra de forma eficiente e eficaz, seguindo os procedimentos e normas estabelecidas.
- Promover a integração entre as equipes: O treinamento deve promover a integração entre as equipes de obra, as empresas de gerenciamento e as construtoras, para garantir o bom andamento do projeto.

Conteúdo do Treinamento

O conteúdo do treinamento deve abranger os seguintes tópicos:
- Modelo de obra: Apresentação detalhada do modelo de obra, incluindo os materiais, as técnicas de construção e os padrões de qualidade.
- Procedimentos e normas: Treinamento sobre os procedimentos e normas a serem seguidos na execução da obra.
- Segurança e saúde no trabalho: Treinamento sobre segurança e saúde no trabalho, com foco na prevenção de acidentes e doenças.
- Gestão de tempo e custos: Treinamento sobre gestão de tempo e custos, para garantir a execução da obra dentro do prazo e orçamento previstos.
- Comunicação e trabalho em equipe: Treinamento sobre comunicação e trabalho em equipe, para promover a integração entre as equipes envolvidas no projeto.

Metodologia de Treinamento

O treinamento pode ser realizado através de diferentes metodologias, como:
- Treinamentos presenciais: Aulas ministradas por instrutores experientes, com atividades práticas e simulações.
- Treinamentos online: Cursos online com videoaulas, exercícios e materiais de apoio.
- Treinamentos em blended learning: Combinação de treinamentos presenciais e online, para oferecer uma experiência de aprendizado mais completa.

Lições Aprendidas

É importante documentar as lições aprendidas durante a execução do projeto, para que possam ser utilizadas para aprimorar o modelo de obra e o processo de treinamento. As lições aprendidas podem incluir:
- Problemas e desafios enfrentados: Identificação dos problemas e desafios enfrentados durante a execução da obra, e as soluções encontradas para superá-los.
- Melhorias no modelo de obra: Sugestões de melhorias no modelo de obra, com base na experiência adquirida durante a execução do projeto.
- Melhorias no processo de treinamento: Sugestões de melhorias no processo de treinamento, para garantir que a equipe esteja preparada para executar o modelo de obra de forma eficiente e eficaz.

Conclusão

O treinamento é um investimento essencial para o sucesso da replicação de obras em expansão de lojas físicas. Ao investir em treinamento, a empresa garante que todas as equipes envolvidas no projeto estejam alinhadas com o modelo de obra e os objetivos da empresa, aumentando as chances de sucesso do projeto.

Recomendações Adicionais

- Utilizar instrutores experientes, engenheiros serniors: Os instrutores devem ter experiência prática na execução do modelo de obra, para garantir que o treinamento seja de alta qualidade.
- Adaptar o treinamento às necessidades da equipe: O treinamento deve ser adaptado às necessidades da equipe, considerando o nível de conhecimento e experiência dos participantes.
- Realizar avaliações de aprendizado: Avaliar o aprendizado da equipe após o treinamento, para identificar pontos de melhoria e garantir que a equipe esteja preparada para executar o modelo de obra.
- Monitorar e avaliar o desempenho da equipe: Monitorar e avaliar o desempenho da equipe durante a execução da obra, para identificar oportunidades de melhoria e garantir que o modelo de obra esteja sendo executado de forma eficiente e eficaz.

Geralmente antes de começar a escalar um programa de expansão, o ideal e abrir de 5 a 10 lojas, estressar todo o modelo e depois criar todos os materiais e treinamentos necessários.

Modelos de Gerenciamento

Existem diversos modelos de gerenciamento de obras que podem ser utilizados em projetos de expansão de lojas físicas. Alguns dos modelos mais comuns incluem:

- Gerenciamento tradicional: Este modelo envolve a contratação de um único empreiteiro geral que é responsável por toda a obra.
- Gerenciamento por etapas: Este modelo divide a obra em etapas, com cada etapa sendo contratada para um empreiteiro diferente.
- Gerenciamento design-build: Este modelo combina o design e a construção da obra em um único contrato.

A escolha do modelo de gerenciamento dependerá das necessidades específicas do projeto.

Riscos

O gerenciamento de riscos é uma parte essencial do gerenciamento de obras. Os principais riscos em projetos de expansão de lojas físicas incluem:

- Atrasos: Atrasos na obra podem causar perdas financeiras e prejudicar a imagem da empresa.
- Custos excedentes: Custos excedentes podem comprometer a viabilidade do projeto.
- Problemas de qualidade: Problemas de qualidade podem afetar a segurança dos clientes e a imagem da empresa.

Para mitigar esses riscos, é importante realizar um planejamento detalhado, identificar os riscos potenciais e implementar medidas para preveni-los ou mitigá-los.

Itens Primordiais para o Sucesso

Para garantir o sucesso do projeto, é importante considerar os seguintes itens:

- Planejamento detalhado: O planejamento detalhado é essencial para evitar atrasos, custos excedentes e problemas de qualidade.
- Comunicação eficaz: A comunicação eficaz entre todas as partes envolvidas no projeto é fundamental para evitar problemas e garantir o bom andamento da obra.
- Gerenciamento de mudanças: É importante ter um processo para gerenciar mudanças no escopo do projeto, para evitar atrasos e custos excedentes.
- Controle de qualidade: É importante ter um sistema de controle de qualidade para garantir que a obra seja realizada de acordo com as especificações.
-

Repetição

A capacidade de replicar o modelo de negócio em novas unidades é fundamental para o sucesso da expansão de lojas físicas. Para isso, é importante documentar os processos e procedimentos utilizados na construção e operação das lojas. Isso permitirá que a empresa replique o modelo de forma eficiente e eficaz em novas unidades.

Conclusão

O gerenciamento da obra é um processo complexo que exige planejamento detalhado, implementação de processos padronizados e gerenciamento eficaz de riscos. Ao seguir os princípios descritos neste capítulo, você pode aumentar as chances de sucesso do seu projeto de expansão de lojas físicas.

O mercado de gerenciamento de obra também se digitalizou, e hoje no mercado temos inúmeras ferramentas disponíveis, desde repositórios de projetos e documentos, até analises de curva S e modelos de evolução de obra.

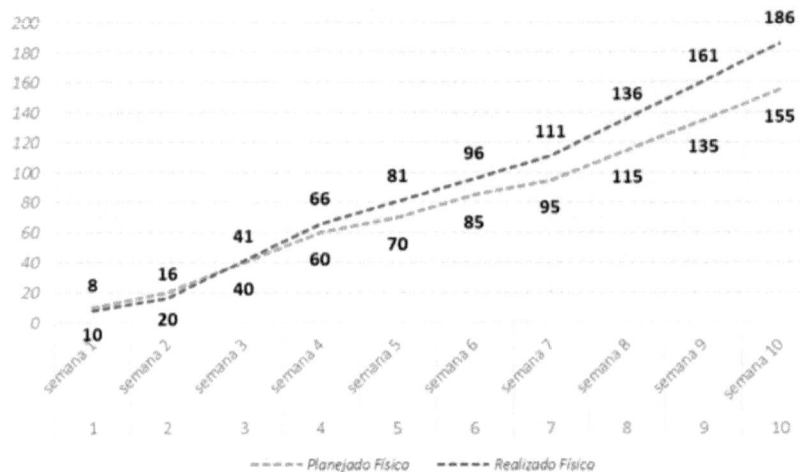

Modelo de Curva S - Avanço Físico

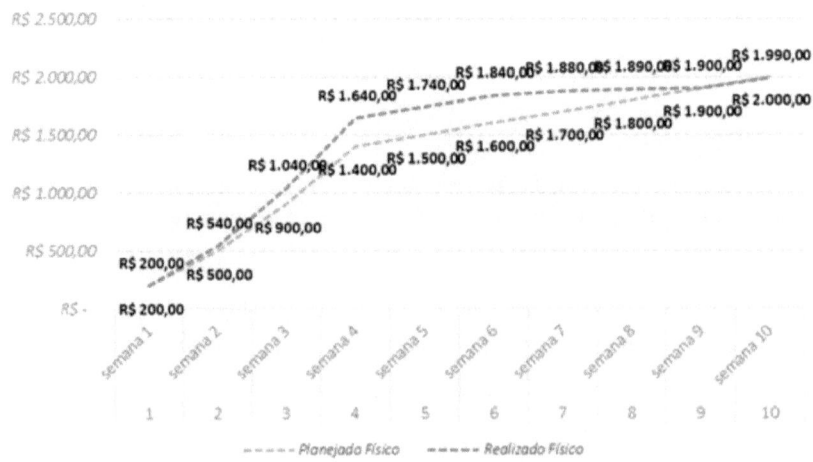

Modelo de Curva S - Avanço Financeiro

Um dos aplicativos mais conhecidos no mercado é o Obra Prima onde já integra inclusive a gestão de orçamento, itens de compra, e acompanhamento diário, portal de cliente e outros. Pode ser usado como propriedade do contratante ou do contratado.

Conclusão

O gerenciamento da obra é um processo complexo que exige planejamento detalhado, implementação de processos padronizados e gerenciamento eficaz de riscos. Ao seguir os princípios descritos neste capítulo, você pode aumentar as chances de sucesso do seu projeto de expansão de lojas físicas.

VM e Estoque para Expansão de Lojas Físicas

A expansão de lojas físicas exige um planejamento estratégico do estoque mínimo para garantir a otimização dos recursos, a satisfação dos clientes e o sucesso do negócio. Entenda como definir o estoque mínimo ideal, desde a análise de dados históricos até a consideração do tipo de loja, localização e aspectos socioeconômicos.

Mas mesmo ante do estoque, temos que falar do papel do VM, fundamental para o sucesso do seu plano de expansão, seja de um nova rede ou para dar continuidade no crescimento das unidades. Essa área ou papel dentro da empresa tem ações diretas nas vendas e é ligada umbilicalmente com a arquitetura.

Valido dizer que tudo isso se aplica também no processo de renovação de linhas, produtos e estações.

1. Definição do Estoque Mínimo:
- Análise de dados históricos:
  - Vendas por produto, categoria, período e loja.
  - Rotatividade de estoque e giro de produtos.
  - Sazonalidade e tendências de mercado.
- Curva ABC:
  - Classificação dos produtos por importância e rentabilidade.
  - Foco em produtos com maior giro e rentabilidade.
- Nível de serviço:
  - Probabilidade de atender a demanda dos clientes sem rupturas de estoque.
  - Equilíbrio entre custos de estoque e nível de serviço desejado.
- Fatores externos:
  - Prazo de entrega de fornecedores, lead time e sazonalidade.
  - Riscos de desabastecimento e flutuações na demanda.

2. Escolha dos Produtos:
- Tipo de loja:
  - Público-alvo e perfil dos clientes.
  - Mix de produtos adequado ao tipo de loja.
- Localização da loja:
  - Aspectos socioeconômicos da região.
  - Demanda por produtos específicos.
  - Concorrência local e análise de mercado.
- Análise de Swot:
  - Forças, fraquezas, oportunidades e ameaças do mercado.
  - Identificação de nichos de mercado e oportunidades de diferenciação.
- Teste e validação:
  - Testar a receptividade dos clientes aos novos produtos.
  - Ajustar o mix de produtos de acordo com a demanda.

3. Considerações Importantes:
- Gestão de estoque eficiente:
  - Sistema de controle de estoque preciso e atualizado.
  - Monitoramento constante do nível de estoque.
  - Reposição ágil de produtos.
- Tecnologia e ferramentas digitais:
  - Softwares de gestão de estoque e análise de dados.
  - Automação de processos e otimização da gestão.
- Flexibilidade e adaptabilidade:
  - Capacidade de ajustar o estoque mínimo de acordo com as mudanças no mercado e na demanda.
  - Monitoramento constante dos indicadores de desempenho.

O planejamento estratégico do estoque mínimo é fundamental para o sucesso da expansão de lojas físicas. Através da análise de dados históricos, escolha criteriosa dos produtos, gestão eficiente do estoque e uso de tecnologia, é possível otimizar os recursos, garantir a satisfação dos clientes e alcançar os objetivos da expansão.

Nesse planejamento leve em consideração um MIX de produtos atrelado ao a sua tipologia de loja, quanto mais tipos e tamanhos mais complexo ficará seu planejamento.

Lembre-se também que considerando o tamanho do Brasil e as dificuldades da malha terrestres, teremos diversos SLAs de entrega, garanta sempre que tenha carros dedicados e coloque na sua régua (timeline) o tempo certo para cada cidade e estado.

Outra característica importante desse processo é a comunicação com a área de VM (Visual Merchan), quem define o tipo de produto para cada loja, só após essa definição e a solicitação da separação desses produtos no estoque ou direto do fornecedor que sempre iniciará.

Não adianta ter a loja acabada, pronta para inaugurar, mas sem produto ou pela metade.

O Poder do Visual Merchandising na Expansão de Lojas Físicas

O Visual Merchandising (VM) assume um papel crucial na criação de um layout de loja atraente e na definição de produtos para o programa de expansão de lojas físicas. Através de técnicas e estratégias eficazes, o VM pode influenciar diretamente o comportamento do cliente, aumentar as vendas e fortalecer a identidade da marca.

1. Impacto do Visual Merchandising:
- Atração da atenção:
  - Fachadas, vitrines e displays criativos que atraem a atenção do cliente e o convidam a entrar na loja.
- Comunicação da identidade da marca:
  - Elementos visuais que transmitem os valores, a história e a personalidade da marca.
- Experiência do cliente:
  - Criação de um ambiente sensorial e emocionalmente envolvente que torna a experiência de compra mais agradável.
- Aumento das vendas:
  - Apresentação estratégica dos produtos que incentiva a compra por impulso e aumenta o ticket médio.

2. Elementos Essenciais do VM:
- Layout da loja:
  - Fluxo de circulação eficiente, organização dos produtos por categorias e setorização adequada.
- Exposição dos produtos:
  - Displays criativos e visualmente atraentes que destacam os produtos e suas características.
- Iluminação:
  - Criação de diferentes atmosferas e destaque para os produtos.
- Materiais e cores:
  - Harmonia visual e coerência com a identidade da marca.
- Manutenção e organização:
  - Loja sempre limpa, organizada e com produtos bem expostos.

3. VM na Definição de Produtos para Expansão:
- Análise do público-alvo:
  - Perfil dos clientes, suas necessidades e desejos.
- Estudo da localização da loja:
  - Aspectos socioeconômicos e culturais da região.
- Análise da concorrência:
  - Produtos e estratégias de VM utilizadas pelos concorrentes.
- Definição do mix de produtos:
  - Produtos que atendam às necessidades do público-alvo e se destaquem da concorrência.
- Teste e validação:
  - Testar a receptividade dos clientes aos novos produtos e ajustar o mix de acordo com a demanda.

4. Considerações Importantes:
- Acompanhamento das tendências:
  - Atualização constante das técnicas e estratégias de VM.
- Profissionalização:
  - Contratação de profissionais especializados em VM.
- Integração com o marketing:
  - Alinhamento das estratégias de VM com as campanhas de marketing.
- Monitoramento e avaliação:
  - Medição dos resultados das ações de VM e ajustes contínuos.

O Visual Merchandising é uma ferramenta poderosa que contribui para o sucesso da expansão de lojas físicas. Através de um layout atraente, uma seleção estratégica de produtos e técnicas de VM eficazes, é possível atrair clientes, aumentar as vendas e fortalecer a identidade da marca.

A equipe de VM dentro do organograma da empresa pode ficar em diversas áreas, as mais comuns são dentro da arquitetura ou dentro da equipe de operações de fato, pois terá sempre um processo de conhecimento, de lições aprendidas.

Não menos importante, temos que ter uma coleta grande de dados, se possivel com muita tecnologia, para analisar fluxos, corredores quentes, experiencia de compra e muito mais.

Gerenciamento da Loja após a Abertura: O Sucesso Começa Agora

A abertura da loja é apenas o primeiro passo em uma jornada de sucesso. O gerenciamento eficiente da loja após a abertura é fundamental para garantir a fidelização dos clientes, o crescimento das vendas e a conquista dos objetivos da expansão. Aqui abordaremos tópicos relevantes para gerenciamento da loja após a abertura, incluindo a avaliação de resultados, o treinamento de funcionários, a realização de campanhas de marketing e a retroalimentação do planejamento de expansão.

1. Avaliação de Resultados:
- Monitoramento de indicadores chave de desempenho (KPIs):
  - Vendas, ticket médio, conversão de vendas, taxa de retorno, etc.
- Análise de dados de vendas:
  - Por produto, categoria, período, canal de venda, etc.
- Pesquisa de satisfacão do cliente:
  - Avaliação da experiência do cliente na loja.
- Análise da concorrência:
  - Ações e estratégias da concorrência.

2. Treinamento de Funcionários:
- Conhecimento do produto:
  - Características, benefícios e diferenciais dos produtos.
- Atendimento ao cliente:
  - Técnicas de atendimento cordial, eficiente e personalizado.
- Vendas e técnicas de persuasão:
  - Estratégias para aumentar as vendas e fidelizar clientes.
- Gestão de caixa e estoque:
  - Procedimentos para abertura e fechamento da loja, controle de estoque e reposição de produtos.
- Manutenção da loja:
  - Limpeza, organização e segurança da loja.

3. Realização de Campanhas de Marketing:
- Promoções e descontos:
  - Atrair novos clientes e fidelizar os existentes.
- Campanhas de marketing digital:
  - Redes sociais, e-mail marketing, anúncios online, etc.
- Eventos e parcerias:
  - Gerar buzz e aumentar a visibilidade da loja.
- Marketing de conteúdo:
  - Blog, vídeos, infográficos, etc., para atrair e engajar clientes.

4. Retroalimentação do Planejamento de Expansão:
- Análise dos resultados da loja:
  - ○ Comparação com os objetivos e projeções do plano de expansão.
- Identificação de pontos fortes e fracos:
  - ○ O que deu certo e o que precisa ser melhorado.
- Ajustes no plano de expansão:
  - ○ Com base nos resultados da loja e nas lições aprendidas.

5. Exemplos de Ações e Resultados:
- Aumento de 15% nas vendas:
  - ○ Através de promoções e campanhas de marketing direcionadas.
- Redução de 5% na taxa de retorno:
  - ○ Através do treinamento de funcionários e da melhoria da qualidade dos produtos.
- Aumento de 20% na satisfacão do cliente:
  - ○ Através da implementação de um programa de fidelidade e da melhoria do atendimento ao cliente.

6. Considerações Importantes:
- Cultura de feedback:
  - ○ Incentivar o feedback dos clientes e dos funcionários para identificar oportunidades de melhoria.
- Adaptabilidade e flexibilidade:
  - ○ Ajustar as estratégias de acordo com os resultados e as mudanças no mercado.
- Monitoramento constante:
  - ○ Acompanhar os indicadores de desempenho e realizar ajustes contínuos.

O gerenciamento eficiente da loja após a abertura é fundamental para o sucesso da expansão de lojas físicas. Através da avaliação de resultados, do treinamento de funcionários, da realização de campanhas de marketing e da retroalimentação do planejamento de expansão, é possível garantir a fidelização dos clientes, o crescimento das vendas e a conquista dos objetivos da expansão.

Lembre-se:

- O sucesso da expansão depende de um trabalho contínuo e dedicado.
- A análise de dados e o feedback dos clientes são ferramentas valiosas para identificar oportunidades de melhoria.
- A adaptabilidade e a flexibilidade são essenciais para lidar com os desafios do mercado e garantir o sucesso a longo prazo.

Dominando o Budget de Manutenção e Utilities para Lojas de Varejo e estruturando sua equipe

O orçamento de manutenção e utilities (MU) em lojas de varejo é crucial para garantir o funcionamento eficiente e seguro da loja, sem comprometer a lucratividade.

Vamos falar como montar um budget de MU eficaz, desde a definição de categorias de custos até a estimativa de valores e a otimização de despesas. Atrelado a isso, como dimensionar sua equipe e o tempo certo para contratação passando por cargos e cultura de aprendizado.

1. Definindo as Categorias de Custos:
- Manutenção:
  - Preventiva:
    - Equipamentos, instalações, sistemas elétricos e hidráulicos.
  - Corretiva:
    - Reparos de equipamentos, instalações e outros elementos da loja.
- Utilities:
  - Energia elétrica:
    - Iluminação, refrigeração, ar condicionado, equipamentos.
  - Água:
    - Sanitários, limpeza da loja, jardinagem.
  - Gás:
    - Aquecimento, cozinhas (se houver).
  - Telecomunicações:
    - Internet, telefone, TV a cabo.
  - Internet e Telefonia:
    - Conexão à internet, telefonia fixa e móvel.
  - Segurança:
    - Monitoramento, alarmes, serviços de segurança.
  - Limpeza e higiene:
    - Materiais de limpeza, serviços de limpeza profissional.
  - Outros:
    - Despesas com coleta de lixo, controle de pragas, etc.

2. Estimativa de Valores:
- Análise de dados históricos:
  - Contas de utilities dos últimos meses/anos.
  - Histórico de despesas com manutenção.
- Consultoria especializada:
  - Obtenha orçamentos com empresas especializadas em manutenção e utilities.
- Fatores a considerar:
  - Tamanho da loja, tipo de operação, localização, perfil de consumo, etc.

3. Otimização de Despesas:
- Negociação com fornecedores:
  - Obtenha orçamentos de diferentes fornecedores e negocie preços e condições.
- Eficiência energética:
  - Invista em equipamentos e tecnologias eficientes, como lâmpadas LED, sensores de presença, etc.
- Práticas sustentáveis:
  - Reduza o consumo de água e energia, utilize materiais reciclados, etc.
- Monitoramento e controle:
  - Acompanhe o consumo de utilities e identifique oportunidades de economia.
- Manutenção preventiva:
  - Realize manutenções preventivas para evitar problemas maiores e custos mais altos.

4. Exemplo de Budget de MU:

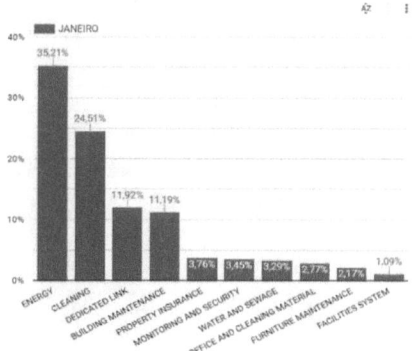

	CLUSTERIZAÇÃO BOARD	VALOR / GS DEZ.	VALOR / GS JAN.	% GASTOS JAN
1.	ENERGY	1.586,40	R$ 1.471,59	35,21%
2.	CLEANING	1.412,22	R$ 1.024,56	24,51%
3.	DEDICATED LINK	444,75	R$ 498,27	11,92%
4.	BUILDING MAINTENANCE	373,43	R$ 467,65	11,19%
5.	PROPERTY INSURANCE	157,00	R$ 157,00	3,76%
6.	MONITORING AND SECURITY	220,26	R$ 144,24	3,45%
7.	WATER AND SEWAGE	112,15	R$ 137,55	3,29%
8.	OFFICE AND CLEANING MA.	150,41	R$ 115,85	2,77%
9.	FURNITURE MAINTENANCE	96,07	R$ 90,54	2,17%
10.	FACILITIES SYSTEM	47,57	R$ 45,44	1,09%
11.	OTHERS	9,95	R$ 23,27	0,56%
12.	PEST CONTROL	5,05	R$ 3,39	0,08%
13.	WATER TANK CLEANING	0,00	R$ 0,00	0%
14.	CELL PHONES	0,00	R$ 0,00	0%
15.	UNIFORMS	145,02	R$ 0,00	0%
16.	AIR CONDITIONING	37,38	R$ 0,00	0%
	Total geral	4.797,66	R$ 4.179,34	100%

Imagem de referência. (Não considerar valores)

5. Considerações Importantes:

- Revisão periódica:
  - Revise o budget de MU periodicamente para ajustá-lo às mudanças de cenário e necessidades da loja.
- Flexibilidade:
  - O budget de MU deve ser flexível para lidar com imprevistos e necessidades emergenciais.
- Ferramentas de gestão:
  - Utilize ferramentas de gestão para controlar as despesas com MU e monitorar o desempenho da loja.

Nesse processo de estruturação de Budget/Orçamento de despesas para a loja é muito importante consisderar as metas de venda e que esse % não passe dos 15% do total de despesas. Para cada tipo de negócio, tamanho de loja e localização, deve se estruturar um orçamento e clusterizar essas unidades, assim as analises serão mais corretas.

Também temos que atentar nas ações de redução de custo continuas, no inicio de qualquer plano de expansão é facial identificar um alto custo, pois ainda não temos volumes necessários para negociações em lote, e otimização de estoque para manutenção por exemplo.

Outras ações interessantes é comprar energia limpa, considerar em projeto itens de menor consumo e um bom projeto de climatização.

Atenção: Lojas, Bancos, Unidades com as manutenções em dia sempre reduzem suas despesas com o tempo.

Analise também ter contratos com mantenedoras, regionalizado para a curva de problemas, afinal tempo é dinheiro e loja parada não paga as contas.

Montando sua Equipe de Manutenção.

Concluído o orçamento e com o programa de expansão rodando, temos que olhar para a equipe de gestão de manutenção.

A equipe de gestão de manutenção é crucial para garantir o bom funcionamento das lojas físicas e evitar perdas por paradas não programadas. Este capítulo oferece um guia completo para estruturar uma equipe de gestão de manutenção eficaz, desde a definição de cargos e responsabilidades até a escolha de ferramentas e tecnologias.

1. Definição da Estrutura da Equipe:
- Gerente de Manutenção:
  - Responsável pela gestão geral da equipe, planejamento e execução das atividades de manutenção.
- Supervisores de Manutenção:
  - Supervisionam as atividades de manutenção em uma região ou grupo de lojas.
- Técnicos de Manutenção:
  - Executam as atividades de manutenção preventiva e corretiva nos equipamentos e instalações das lojas.
- Especialistas em Manutenção:
  - Suporte técnico especializado para áreas específicas, como refrigeração, elétrica, etc.
- Administradores de Contratos:
  - Gerenciamento de contratos com empresas terceirizadas de manutenção.
-

2. Dimensionamento da Equipe:
- Número de lojas:
  - Quantidade de lojas a serem gerenciadas pela equipe.
- Complexidade das instalações:
  - Tipo de equipamentos e sistemas presentes nas lojas.
- Localização das lojas:
  - Dispersão geográfica das lojas e necessidade de deslocamento da equipe.
- Disponibilidade de recursos:
  - Orçamento disponível para a equipe de gestão de manutenção.

3. Recrutamento e Seleção:
- Competências técnicas:
  - Experiência e conhecimento em áreas de manutenção relevantes.
- Habilidades interpessoais:
  - Comunicação eficaz, trabalho em equipe, resolução de problemas.
- Capacidade de adaptação:
  - Lidar com diferentes tipos de lojas e situações.
- Disponibilidade para viagens:
  - Necessidade de deslocamento para as lojas, se for o caso.

4. Treinamento e Desenvolvimento:
- Treinamentos técnicos:
  - Atualização constante sobre novas tecnologias e equipamentos.
- Treinamentos comportamentais:
  - Atendimento ao cliente, comunicação, trabalho em equipe.
- Programas de desenvolvimento profissional:
  - Crescimento e aprimoramento das habilidades da equipe.

5. Ferramentas e Tecnologias:
- Sistema de gestão de manutenção:
  - Controle de ordens de serviço, histórico de manutenções, estoque de peças.
- Software de planejamento e agendamento:
  - Otimização da programação das atividades de manutenção.
- Aplicativos móveis:
  - Agilização da comunicação e do registro de informações.
- Monitoramento remoto de equipamentos:
  - Prevenção de falhas e otimização da manutenção.

6. Considerações Importantes:

- Cultura de segurança:
  - Priorização da segurança dos funcionários e clientes.
- Comunicação eficaz:
  - Fluxo de informações claro e eficiente entre a equipe e os stakeholders.
- Melhoria contínua:
  - Busca constante por métodos e tecnologias mais eficientes.

Conclusão:

Uma equipe de gestão de manutenção bem estruturada é fundamental para garantir o bom funcionamento das lojas físicas e evitar perdas por paradas não programadas. Através da definição clara da estrutura da equipe, dimensionamento adequado, recrutamento e seleção criteriosa, treinamento e desenvolvimento contínuo, investimento em ferramentas e tecnologias, e foco na segurança e na comunicação, é possível garantir a eficiência da equipe e a qualidade dos serviços de manutenção.

Lembre-se:

- A equipe de gestão de manutenção é um investimento importante para a empresa.
- A escolha das ferramentas e tecnologias deve ser feita com base nas necessidades da equipe e das lojas.
- A comunicação eficaz é fundamental para o sucesso da equipe.

Dicas Extras:

- Implemente um sistema de feedback para que os clientes possam avaliar os serviços de manutenção.
- Realize pesquisas de satisfação com os funcionários para avaliar o clima organizacional da equipe.
- Invista em programas de reconhecimento e premiação para incentivar o bom desempenho da equipe.

Lembre-se para redução do custo pessoal, vale após todo o planejamento começar pelos mais seniors para os mais juniores, assim repassa conhecimento e cresce junto com os seus pontos de venda.

Definição, Contratação e Cuidados ao Usar um Sistema Integrado de Facilities

Sou um fanático e curioso por uso de sistemas e automações para qualquer área, e por se tratar da área de Facilities, muito mais.

Mas aqui vai um recado importante: - Apenas implante um sistema quando seus processos estiverem definidos, maduros, e que todos reconheçam, após isso, além de processos, que seus KPI's também já estejam definidos e assim a chance de dar certo aumenta muito.

Entretanto, não seja inflexível, na vida só há uma certeza, tudo muda e tudo irá mudar, seus processos, sua equipe, seus problemas, então estudo muito antes de implantar um sistema. Alguns no mercado conseguem fazer tudo, mas será que precisamos de tudo?

Um sistema integrado de facilities é um software que centraliza e automatiza as principais atividades de gestão de facilities, como:

- Gerenciamento de ordens de serviço: Criação, acompanhamento e resolução de ordens de serviço para manutenção, reparos e outros serviços.
- Gestão de contratos: Armazenamento, acompanhamento e renovação de contratos com fornecedores de serviços.
- Gestão de ativos: Controle de inventário, manutenção e depreciação de ativos físicos.
- Gestão de espaços: Alocação de espaços, reservas de salas e acompanhamento de ocupação.
- Gestão de projetos: Planejamento, execução e controle de projetos de facilities.
- Gestão de indicadores: Monitoramento de indicadores de desempenho (KPIs) da área de facilities.

Benefícios

A utilização de um sistema integrado de facilities oferece diversos benefícios, como:
- Aumento da eficiência: Automatização de tarefas repetitivas, redução do tempo de processamento de informações e otimização dos processos de gestão.
- Melhoria da comunicação: Centralização das informações e comunicação fluida entre todos os envolvidos na gestão de facilities.
- Redução de custos: Diminuição dos custos operacionais, otimização do uso de recursos e melhor controle de gastos.
- Melhoria da tomada de decisão: Disponibilidade de dados precisos e atualizados para embasar decisões estratégicas.
- Aumento da segurança e do compliance: Melhoria da segurança dos ativos e do cumprimento de normas e regulamentações.

Contratação

Ao contratar um sistema integrado de facilities, é importante considerar os seguintes fatores:

- Funcionalidades: Avaliar se o sistema oferece as funcionalidades necessárias para atender às demandas da empresa.
- Integração com outros sistemas: Verificar se o sistema se integra com outros sistemas utilizados pela empresa, como ERP e CRM.
- Custo: Comparar os custos de diferentes sistemas e escolher o que melhor se adequa ao orçamento da empresa.
- Suporte técnico: Avaliar a qualidade do suporte técnico oferecido pelo fornecedor do sistema.
- Segurança: Verificar se o sistema oferece recursos de segurança para proteger os dados da empresa.
- Experiência do fornecedor: Avaliar a experiência do fornecedor no desenvolvimento e implementação de sistemas integrados de facilities.

Cuidados ao Usar um Sistema Integrado de Facilities
Para garantir o sucesso na utilização de um sistema integrado de facilities, é importante:

- Treinar os usuários: Capacitar os usuários para que utilizem o sistema de forma eficiente.
- Definir indicadores de desempenho (KPIs): Monitorar os KPIs para avaliar a efetividade do sistema.
- Realizar backups regulares: Proteger os dados da empresa contra perda ou corrupção.
- Manter o sistema atualizado: Instalar as últimas atualizações do sistema para garantir a segurança e o bom funcionamento.
- Realizar auditorias regulares: Avaliar a utilização do sistema e identificar oportunidades de melhoria.

Conclusão

A utilização de um sistema integrado de facilities pode trazer diversos benefícios para a empresa. Ao definir, contratar e utilizar o sistema de forma adequada, a empresa pode aumentar a eficiência da gestão de facilities, reduzir custos e melhorar a tomada de decisões.

Recomendações Adicionais

- Envolver os stakeholders no processo de escolha e implementação do sistema: É importante envolver todos os stakeholders, como usuários, gestores e fornecedores, no processo de escolha e implementação do sistema para garantir que o sistema atenda às necessidades de todos os envolvidos.
- Realizar um piloto antes da implementação completa do sistema: É recomendável realizar um piloto com um grupo de usuários antes da implementação completa do sistema para identificar e corrigir problemas.
- Comunicar os benefícios do sistema aos usuários: É importante comunicar os benefícios do sistema aos usuários para que eles estejam motivados a utilizá-lo de forma eficaz.
- Monitorar a utilização do sistema e realizar ajustes quando necessário: É importante monitorar a utilização do sistema e realizar ajustes quando necessário para garantir que o sistema esteja atendendo às necessidades da empresa.

Considere sempre fazer uma analise do que você realmente precisa, na maioria dos casos, automatizar processos já resolve 80% dos seus problemas.

Ao seguir estas dicas, você pode aumentar as chances de sucesso na implementação e utilização de um sistema integrado de facilities.

Facilities 4.0: A Inteligência Artificial e a Transformação da Gestão

A indústria 4.0 está revolucionando diversos setores, e a gestão de facilities não é exceção. O Facilities 4.0, impulsionado pela inteligência artificial (IA), análise de dados e algoritmos, está transformando a forma como as empresas gerenciam seus espaços físicos, ativos e operações.

Não estou falando apenas de BIs ou de planilhas inteligentes, mas sim de sistemas e aplicações que cruzam dados estratégicos e criam algoritmos para gerar previsibilidade, ou seja, com imputs históricos conseguimos construir automaticamente modelos de decisão.

Quando falamos de previsibilidade estamos falando de redução de despesas e custos, tanto na manutenção quanto na operação em si. Imagina você com uma ferramenta que pode prever e orientar quando é o melhor dia para a limpeza da sua loja? qual é o melhor horário de abertura e encerramento? Ou até qual é a melhor escala de atendimento na loja e no seu time de suporte?

Sim, você pode fazer isso sem essas ferramentas, mas quanto tempo você vai chegar nessa maturidade?

A IA pode ser utilizada para analisar dados históricos de vendas, tráfego de clientes e outros indicadores para prever o faturamento de uma loja em um determinado local. Essa informação é crucial para auxiliar na tomada de decisões estratégicas, como:

- Seleção de novos pontos de venda: A previsão de faturamento pode ajudar a empresa a identificar os locais com maior potencial de retorno financeiro, otimizando a expansão da rede.
- Definição de estratégias de marketing: A análise de dados pode revelar os produtos e serviços mais populares em cada local, permitindo que a empresa personalize suas campanhas de marketing e promoções.
- Gestão de estoque: A previsão de vendas pode auxiliar na otimização do estoque, evitando rupturas e minimizando custos com armazenagem.

Análise Preditiva para Manutenção Proativa e Redução de Custos

A análise preditiva, utilizando algoritmos de machine learning, pode analisar dados de sensores, históricos de manutenção e outros indicadores para identificar padrões e prever falhas em máquinas e equipamentos. Isso permite que a empresa realize a manutenção de forma proativa, antes que as falhas ocorram, evitando:

- Paradas não planejadas: A manutenção proativa reduz o tempo de parada das máquinas, aumentando a produtividade e a eficiência da operação.
- Custos com reparos emergenciais: A previsão de falhas permite que a empresa se planeje para realizar os reparos de forma programada, reduzindo custos com mão de obra e materiais.
- Acidentes de trabalho: A manutenção proativa ajuda a prevenir acidentes de trabalho causados por falhas em máquinas e equipamentos.

Otimização de Espaços e Recursos com IA e Algoritmos

A IA e algoritmos podem ser utilizados para analisar dados de utilização de espaços, consumo de energia e outros indicadores para otimizar a utilização dos recursos da empresa. Isso pode resultar em:

- Redução de custos: A otimização do uso de espaços e recursos pode levar à redução de custos com energia, água, aluguel e outros serviços.
- Melhoria da produtividade: A organização eficiente dos espaços e recursos pode contribuir para a melhoria da produtividade dos colaboradores.
- Sustentabilidade: A otimização do uso de recursos contribui para a sustentabilidade ambiental da empresa.

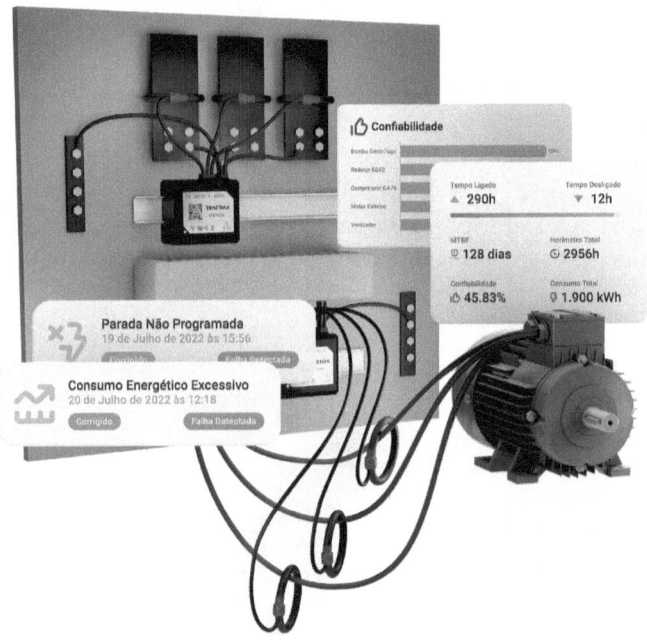

Acima um esquema simples onde usamos IOTs (medidores) conectados nos quadros elétricos e nos motores (maquinas em geral). Nesse modelo podemos ver falhas de vibração até consumo por fase.
Ref. Sistema Tracian

Temos modelos de detecção de falhas e de predição de falhas, e agora podemos falar em IA para predição. Atualmente temos modelos híbridos como o sistema NICBrain, onde é uma plataforma aberta e recebe dados dos IOTS e cria alertas programados, ou ferramentas que recolhem os dados (imputs) e retornam os efeitos (outputs), uma ferramenta como exemplo é a LogicSys.

Diagrama de imputs e outputs da LogicSys.

Sistema NICBrain - Captura de dados oriunda dos IOTs, gerando acionamentos e chamados para atendimento.

Conclusão

O Facilities 4.0, com a aplicação de IA, análise de dados e algoritmos, oferece um enorme potencial para transformar a gestão de facilities. As empresas que implementarem essas tecnologias podem alcançar uma série de benefícios, como:

- Redução de custos: A otimização de processos e recursos pode levar à redução significativa de custos.
- Melhoria da eficiência: A IA e os algoritmos podem automatizar tarefas repetitivas e otimizar processos, aumentando a eficiência da operação.
- Tomada de decisões mais inteligentes: A análise de dados fornece insights valiosos para auxiliar na tomada de decisões estratégicas.
- Aumento da competitividade: As empresas que adotam o Facilities 4.0 estarão mais bem preparadas para competir no mercado globalizado.

Recomendações Adicionais

- Investir em treinamento e capacitação: É importante que os colaboradores sejam treinados para utilizar as novas tecnologias de forma eficaz.
- Criar uma cultura de dados: A empresa deve criar uma cultura que valoriza a coleta, análise e utilização de dados para a tomada de decisões.
- Garantir a segurança dos dados: É fundamental implementar medidas para proteger os dados da empresa contra acessos não autorizados e violações de segurança.
- Monitorar e avaliar os resultados: É importante monitorar e avaliar os resultados da implementação do Facilities 4.0 para identificar oportunidades de melhoria.

Ao seguir estas dicas, as empresas podem aproveitar ao máximo o potencial do Facilities 4.0 para transformar a gestão de seus espaços físicos, ativos e operações.

O Autor

Formado em engenharia civil e em algumas especializações, gestão de projetos, finanças e vários outros cursos, alguns bons outros nem tanto. Estudei sobre Facilities 4.0 em Londres, onde tive contato com lideres da IBM, estudei sobre processos e projeto em cursos nos EUA.

Iniciei minha carreira logo cedo projetando, sim pois também sou técnico em edificações, e gosto muito de projetos. Trabalhei para o varejo de luxo, projetei casas de alto padrão e logo após isso também participei da grande revolução da telefonia no Brasil, onde ainda tínhamos a BCP e Telefônica, e em uma grande empresa aprendi o que eram ERBs e CCCs e acompanhei a chegada dos celulares por terras tupiniquins.

A grande virada foi meu ingresso em um grande banco norte americano, onde desfrutei de grandes projetos de expansão, manutenção e claro, pessoas muito importantes passaram pela minha vida. Minhas passagens por bancos não param por ai, BankBoston, Cruzeiro do Sul, Unibanco e Itaú, e neste episódio veio a primeira cereja do bolo, no projeto de migração entre Unibanco e Itaú, quando ganho o maior prêmio da instituição, o aclamado PRÊMIO WALTER MOREIRA SALLES, dai por diante só coisas legais estavam por vir.

Passei por fases não tão boas como no Banco Cruzeiro do Sul e outras muito boas como na rede de Lojas Vivara e Cielo. Não posso deixa de mencionar minha passagem pela HONDA Automóveis, onde aprendi muito sobre a cultura japonesa e gerenciei projetos incríveis como a mudança da marca necessária após a LEI CIDADE LIMPA de São Paulo. E não para por ai, depois de passar alguns anos fora do pais, tive a honra de ser convidado para o projeto de expansão das lojas Madeira Madeira, onde mais uma vez conheci lideres incríveis e liderei pessoas capazes e destinadas para aquele projeto.

Hoje continuo na vida corporativa, e numa agora entro numa jornada de escrever pequenos livros que podem ajudar outras pessoas a acessa conhecimento nessa área maravilhosa que move o mundo.

Um agradecimento especial a minha família, esposa e filhas maravilhosas que estão sempre do meu lado.

"Nunca deixe ser julgado por erros que cometeu no passado, eles não definem você e não definirão seu futuro"

Autor: Desconhecido

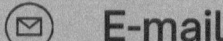

E-mail

eduardofeliu@gmail.com